Mi Primer
ATLAS UNIVERSAL
de Economía

ede

EDILUPA

Escrito por
Belinda Weber

Editor jefe: Catherine Brereton
Director artístico: Mike Davis
Diseñador: Anthony Cutting
Diseñador auxiliar: Chloe Aylward
Consultor cartográfico: Jan Clark
Investigadora fotográfica: Rachel Swann
Coordinador edición: jonathan Pledge
Controlador jefe de producción: Lindsey Scott
Organizadores de ilustraciones: Wendy Allison, Jenny Lord
Correctora: Sheila Clewley
Creador del índice: Jan Clark
Investigación adicional: Mike Davis
Diseño de portada: Mike Davis

Cartografía: Anderson Geographics Limited, Warfield, Bershir

Primera edición: Kingfisher Publications Plc

Copyright © Kingfisher Publications Plc

1ª Edición en español 2008

© De la edición en español, EDILUPA EDICIONES, S.L.

ISBN 978-84-96609-19-7

CONTENIDO

LA TIERRA

La Tierra es un planeta que gira alrededor del Sol. Contiene enormes masas de tierra denominadas continentes, y océanos y mares extensos.

La Tierra está dividida en continentes: América, Europa, África, Asia, Australasia y Oceanía y la Antártica. La mayoría de ellos presentan una gran variedad de tipos de paisajes. Existen regiones montañosas, grandes llanuras y también encontramos desiertos en aquellas zonas que presentan escasez de lluvia o ninguna. El fluir de un río puede aportar abundante vida animal o vegetal a un área, y dar forma al paisaje. En aquellas zonas donde la lluvia es abundante, existen selvas tropicales que proporcionan suntuosos oasis verdes.

Los humanos también influyen en el paisaje. Cultivamos la tierra y construimos aldeas, pueblos y grandes ciudades con rascacielos donde la gente vive y trabaja.

Dar forma al mundo

Los humanos también condicionan la forma del paisaje dividiéndolo en países. Algunos países los componen islas enteras, pero la mayoría son fracciones de masas de tierra más grandes. A menudo las montañas y los ríos marcan las fronteras entre los países, pero a veces no existe nada físico para establecer el límite en el que un país acaba y otro empieza. Los humanos viven en prácticamente toda la superficie terrestre del planeta. Actualmente, se pueden contar unos 6.615 millones de personas viviendo en el mundo (2007).

Cordilleras
Las montañas se alzan hacia el cielo. Cuanto más altas son, más fría es la temperatura. Muy pocos animales pueden vivir en las cimas.

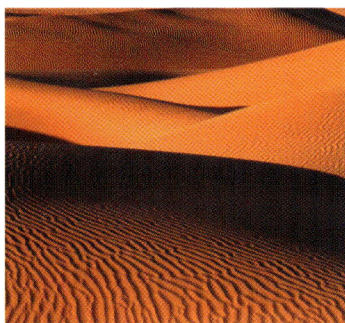

Desiertos arenosos
En lugares sin lluvia o muy poca cantidad se forman desiertos como el Sahara. Estos desiertos cubren gran parte del norte de África.

Ríos serpenteantes
Los ríos y riachuelos cruzan serpenteando el paisaje de camino al mar. Incluso pueden surcar su camino a través de rocas sólidas.

Verde y húmedo
Las selvas tropicales crecen en áreas calurosas y lluviosas, cubriendo la tierra con gran variedad de plantas. Son zonas donde hay muchos animales.

Los mapas y su creación

Utilizamos los mapas y los globos terráqueos para mostrar y descubrir aspectos de los países del mundo. Un globo terráqueo se define como una esfera con todos los continentes y océanos dibujados sobre ella. Un mapa es un plano del mundo. Imaginemos que tenemos una naranja con todos los países y mares dibujados sobre ella. Si la peláramos y extendiéramos la piel sobre una superficie plana no obtendríamos un rectángulo completo. Las personas que se dedican a dibujar mapas también trazan líneas sobre la superficie de la Tierra. Las líneas que rodean la Tierra se denominan líneas de latitud. Las líneas que cruzan la Tierra verticalmente se llaman líneas de longitud. Todas ellas forman una parrilla sobre la superficie del planeta que nos ayuda a señalar de forma exacta dónde localizar un lugar en el mundo.

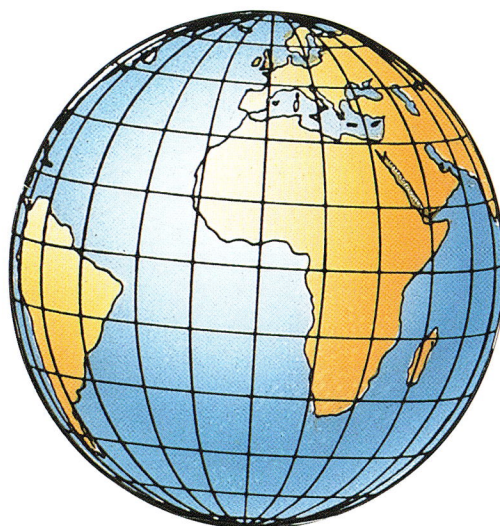

Polo Norte

Polo Sur

De Polo a Polo
Las líneas que cruzan la Tierra verticalmente se denominan líneas de longitud. Todas las líneas de longitud se encuentran en el Polo Norte y el Polo Sur, que son los extremos más al norte y más al sur de la Tierra.

El meridiano de Greewich
La línea de longitud en medio de la Tierra se llama meridiano de Greenwich.

El Ecuador
Las líneas que rodean la Tierra se denominan líneas de latitud. El ecuador es la línea de latitud que rodea la Tierra por el punto medio.

Junglas de cemento
Los humanos construyen grandes ciudades para alojar a millones de personas. Los edificios han cambiado el paisaje que antes era natural.

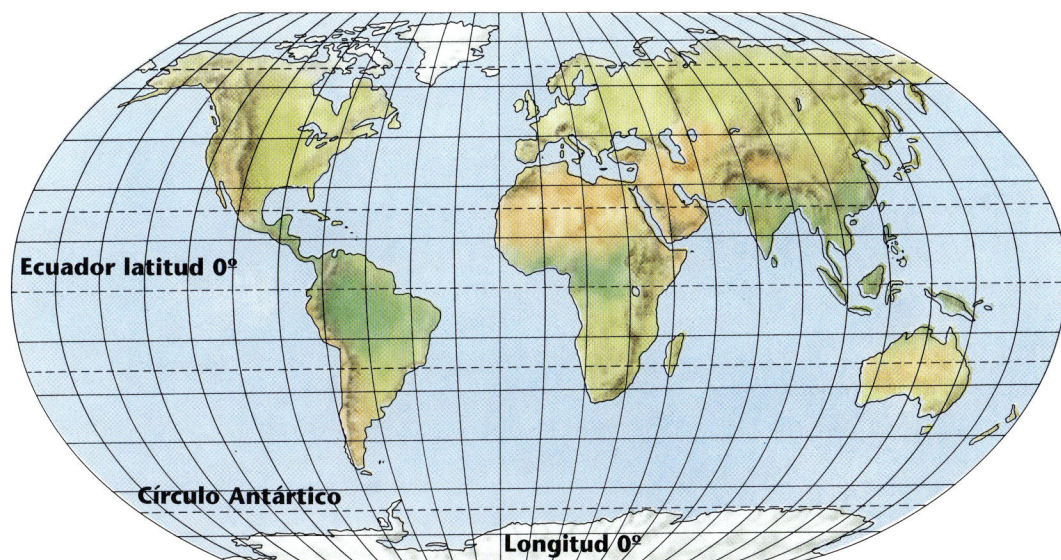

Círculo Ártico   0°   **Meridiano de Greenwich**

Ecuador latitud 0°

Círculo Antártico

Longitud 0°

Cómo utilizar los mapas

Un atlas es un libro de mapas. Los mapas son dibujos que nos cuentan cosas sobre distintos lugares. Nos facilitan todo tipo de información útil sobre los países. Los mapas emplean diferentes colores, símbolos y líneas para marcar las montañas y los valles, los océanos y los mares, y los ríos y los lagos. En la mayoría de los mapas de este atlas, como por ejemplo el que aparece en esta página, también se utilizan los colores para mostrar la elevación del terreno sobre el nivel del mar. Algunos mapas usan los colores para mostrar distintos tipos de información, como por ejemplo las zonas donde la tierra es fértil y los desiertos.

Las líneas rojas de los mapas marcan dónde empieza un país y dónde termina otro. Estas líneas se denominan fronteras. Los cuadrados representan las capitales. Una capital es la ciudad principal de un país, donde se establece el gobierno y otras organizaciones importantes. Unos cuantos países presentan más de una capital. Todos los otros pueblos y ciudades se marcan sobre el mapa con puntos rojos. Los mapas de este atlas también contienen símbolos que indican dónde encontrar animales, industrias, puntos de referencia y otros lugares interesantes.

Los mapas de este atlas emplean un grupo de símbolos y palabras para marcar distintos tipos de características. Esta clave nos ayudará a descifrar qué significan.

Asentamientos

- **CARACAS** Capital
- **Denver** Capital estatal
- **Manaos** Ciudad o pueblo principal
- **Maturín** Otras ciudades o pueblos

Regiones políticas y culturales

BRASIL País

Aruba Territorio dependiente
(Holanda)

ARIZONA Estado, provincia o región nacional

Fronteras

Frontera internacional

Frontera disputada

Estado, provincial o frontera regional nacional

Características de drenaje

Río

Río estacional

Canal

Cascada

Lago

Lago estacional

Características topográficas

△ *Cotopaxi 5897 m* Altura de una montaña

Isla de Marajó Isla / grupo de islas

Cuenca Amazónica Característica física / región paisajística

Mares y Océanos

OCÉANO PACÍFICO Nombre del océano

Mar Caribe Nombre del mar

Mar

Características del hielo

Límite de zona helada estival

Límite de zona helada invernal

Elevación del terreno

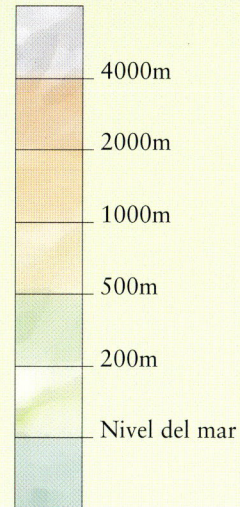

4000m

2000m

1000m

500m

200m

Nivel del mar

Información adicional

Junto con los mapas, encontraremos símbolos que nos dan información sobre la zona, para ayudarnos a entender en qué parte del mundo se encuentra.

Banderas
Cada país del mundo dispone de su propia bandera nacional. Encontraremos estas banderas a lo largo de este atlas. Simbolizan la independencia e identidad del país.

Globo
El globo que aparece en cada página muestra (destacado en naranja) dónde se encuentran los países dentro del mundo. Algunas de las páginas presentan mapas adicionales en recuadros, se denominan inserciones. Su posición se indica con un recuadro naranja en el globo.

Barra de escala
Todos los mapas de este atlas disponen de una barra de escala que nos indicará la referencia de las distancias en la página en relación con las distancias reales del suelo. Por ejemplo, la barra de escala que aparece a continuación nos indica que 28mm del mapa representan 500km sobre el suelo.

A B

Parrilla
Alrededor del margen de cada página encontraremos una parrilla con letras y números. El índice al final del libro nos facilitará un número de página y una referencia sobre la parrilla. Utilizando dicha referencia, conseguiremos encontrar la ciudad o pueblo concretos que estemos buscando.

Símbolos pictóricos

En los mapas, también encontraremos símbolos pictóricos que señalan características interesantes de cada país. A continuación aparecen unos cuantos ejemplos. Encontraremos más a lo largo del atlas.

Ganado
Ejemplo de animal de granja

Pesca
Ejemplo de un tipo de industria

Tucán
Ejemplo de vida salvaje

Catedral Basílica
Ejemplo de edificio famoso o lugar destacado

Plátanos
Ejemplo de plantación alimenticia

Industria
Fortaleza
Cabo de San Roque
Café
Natal
Caña de azúcar
Recife
Marcos
nanas
Catedral basílica

Países del mundo

O C É A N O

Groenlandia
(Dinamarca)

Jan Mayen
(Noruega)

ISLANDIA

Islas Faroe
(Dinamarca)

Círculo Ártico

ESTADOS UNIDOS
DE AMÉRICA
(ALASKA)

C A N A D Á

O C É A N O

A T L Á N T I C O

REINO
UNIDO   DINAMAR
REPÚBLICA DE   HOLANDA
IRLANDA   BÉLGICA LUX
Channel Islands   LI
(to UK)   SUI
FRANCI
MÓNAC

ANDORRA
PORTUGAL   ESPAÑA
Azores   Gibraltar
(Portugal)   (GB)
Madeira
(Portugal)
Islas Canarias   MARRUECOS   ARGELI
(España)
SAHARA
OCCIDENTAL
(Ocupado por Marruecos)
MAURITANIA   MALI

ESTADOS UNIDOS
DE AMÉRICA

St Pierre y
Miquelon
(Francia)

Bermuda
(GB)

Trópico de Cáncer

Islas Hawaianas
(EEUU)

MÉXICO

BAHAMAS

CUBA   Turks &
Caicos Is. (to UK)   Islas Vírgenes
Brit-nicas (GB)
Islas Caimán Groenlandia   Islas Vírgenes
(GB) (Dinamarca)   REPÚBLICA   (EEUU)
DOMINICANA   Anguilla (GB)
HAITÍ   Puerto Rico   Montserrat (GB)
(EEUU)   ANTIGUA Y BARBUDA
JAMAICA   Guadalupe (Francia)
ST KITTS   DOMINICA
Y NEVIS   Martinica (Francia)
STA LUCIA
Antillas   BARBADOS
Aruba holandesas(Holanda)   ST VINCENTE Y LAS GRANADINAS
(Holanda)   GRANADA   TRINIDAD Y TOBAGO

CABO VERDE
SENEGAL
GAMBIA
GUINEA-BISSAU   GUINEA
SIERRA LEONA   COSTA DE
MARFIL
LIBERIA   TOGO
GUINEA ECUATORIA
SANTO TOMÁ
Y PRÍNCIPE

Atolón de Johnston
(EEUU)

BELICE
GUATEMALA   HONDURAS
EL SALVADOR   NICARAGUA
COSTA
RICA   PANAMÁ

Isla Clipperton
(Francia)

O C É A N O

Arrecife Kingman (EEUU)
Atolón Palmira (EEUU)

VENEZUELA
COLOMBIA   GUYANA
SURINAM   Guyana
Francesa
(Francia)

Ecuador

Isla Jarvis
(EEUU)

KIRIBATI

P A C Í F I C O

Islas Galápagos
(Ecuador)   ECUADOR

PERÚ

B R A S I L

Isla Ascensión
(Sta Helena)

Samoa
americana
(EEUU)

Islas
Cook
(NZ)

Niue
(NZ)

Polinesia Francesa
(Francia)

BOLIVIA

PARAGUAY

Sta Helena
(GB)

Trópico de Capricornio

Islas Pitcairn
(GB)

Isla del Este
(Chile)

Islas
Juan Fernández
(Chile)

C H I L E

A R G E N T I N A

URUGUAY

O C É A N O

A T L Á N T I C O

Tristán de Canuba
(Sta Helena)

Isla Gough
(Tristán de Canuba)

Islas Malvinas

Georgia del Sur
(GB)

Isla Bouvet
(Noruega)

Islas South Sandwich
(GB)

O   C   É   A   N

Círculo Antártico

Isla
Pedro I
(Noruega)

Á R T I C O

Tierra de Franz Josef

Severnaya Zemlya

Islas Nueva Siberia

Norvaya Zemlya

albard
(ruega)

Círculo Ártico

SUECIA
NORUEGA
FINLANDIA

F E D E R A C I Ó N   R U S A

ESTONIA
LETONIA
LITUANIA
FED. RUS.
POLONIA
BIELORRUSIA
PÚBLICA
CHECA
RIA HUNGRÍA
UCRANIA
MOLDOVA
RUMANÍA
BYH
CRO
SER y
MON.
MAC.
BULGARIA
DAD
ICANO
ALBANIA
GRECIA
TURQUÍA
GEORGIA
ARMENIA
AZERBAIJÁN
MALTA
NEZ
CHIPRE
LÍBANO
ISRAEL
SIRIA
JORDANIA
IRAK
KUWAIT
IRAN

KAZAJISTÁN

UZBEKISTÁN
TURKMEJISTÁN
TAJIKISTÁN
KYRGYCISTÁN

MONGOLIA

C H I N A

KOREA
DEL
NORTE
KOREA
DEL SUR

JAPAN

AFGANISTÁN
PAKISTÁN

NEPAL
BHUTÁN

TAIWAN

O C É A N O

Islas Midway
(EEUU)

Trópico de Cáncer

LIBIA
EGIPTO

BAHRAIN
QATAR
EMIRATOS
ÁRABES UNIDOS
OMAN

SAUDI
ARABIA

OMAN

BANGLADESH

MYANMAR
(BURMA)
LAOS
VIETNAM
TAILANDIA

I N D I A

Islas
Paracel
(disputadas)

Islas
Laccadive
(India)

Islan
Andamán
(India)

Islas Mariana
del Norte
(EEUU)

Isla Wake
(EEUU)

P A C Í F I C O

Guam
(EEUU)

ISLAS
MARSHALL

ER
CHAD
SUDÁN
ERITREA
DJIBOUTI
ETIOPÍA
YEMEN

SRI
LANKA
Islas
Nicobar
(India)
CAMBOYA
FILIPINAS
Islas
Spratly
(disputadas)
BRUNEI
MALASIA
SINGAPUR

MALDIVAS

MICRONESIA

PALAU

Ecuador

REPÚBLICA
CENTROAFRICANA
SOMALIA
UGANDA
KENIA
RUANDA
BURUNDI
REPÚBLICA
DEMOCRÁTICA
DEL CONGO
TANZANIA
CONGO

SEYCHELLES

TERRITORIO
BRITÁNICO DEL
OCÉANO ÍNDICO

I N D O N E S I A

NAURU

KIRIBATI

TUVALU

Tokelau
(NZ)

ANGOLA
ZAMBIA
MALAWI
COMOROS
Mayote
(Francia)
MOZAMBIQUE
ZIMBABWE
NAMIBIA
BOTSWANA
SWAZILAND
SUDÁFRICA
LESOTO

MADAGASCAR

Reunion
(Francia)

MAURICIO

O C É A N O

Islas Cocos
(Australia)

Islas Christman
(Australia)

TIMOR DEL ESTE

Islas Ashmore
Cartier
(Australia)

PAPUA
NUEVA
GUINEA

ISLAS
SALOMÓN

Islas del
Mar de Coral
(Australia)

VANUATU

Nueva Caledia
(Francia)

Wallis y
Futuna
(Francia)
SAMOA

FIJI

TONGA

Trópico de Capricornio

Í N D I C O

AUSTRALIA

Isla de Norfolk
(Australia)

NUEVA
ZELANDA

Islas Príncipe Eduardo
(Sudáfrica)

Islas Crozet
(Francia)

Kerguelen
(Francia)

Islas Heard y McDonald
(Australia)

O   A N T Á R T I C O

Círculo Antártico

A N T Á R T I D A

FEDERACIÓN
RUSA

ESTADOS UNIDOS
DE AMÉRICA
(ALASKA)

Groenlandia
(Dinamarca)

Nuuk

C A N A D Á

TERRANOVA

St Pierre
& Miquelon
(Francia)

OTTAWA

ESTADOS UNIDOS

DE AMÉRICA

WASHINGTON D.C.

Bermuda
(GB)

MÉXICO

NASSAU

CIUDAD DE MÉXICO

LA HABANA   BAHAMAS

CUBA   *Islas Turks y Caicos (GB)*

0		1000		2000km
0	500		1000 millas	

REPÚBLICA
DOMINICANA

Islas Caimán   *Puerto Rico*
(EEUU)

1. SAN CRISTÓBAL Y NEVIS
2. ANTIGUA Y BARBUDA
3. DOMINICA
4. SANTA LUCÍA
5. BARBADOS
6. SAN VICENTE Y LAS GRANADINAS
7. GRANADA

BELICE
BELMOPÁN

PUERTO
PRÍNCIPE

SANTO
DOMINGO

1.   2.

KINGSTON

GUATEMALA   JAMAICA   3.

GUATEMALA   HAITÍ

HONDURAS   4.

SAN SALVADOR   TEGUCIGALPA   5.

EL SALVADOR   NICARAGUA   6.

7.

MANAGUA   *Aruba*   *Antillas holandesas*
(Holanda)   *(Holanda)*

PUERTO ESPAÑA

SAN JOSÉ

COSTA RICA   CIUDAD DE PANAMÁ   TRINIDAD Y
TOBAGO

PANAMÁ

10

AMÉRICA

DEL SUR

Rica tierra de cultivo
El río Mississippi arrastra sedimentos (partículas diminutas de barro) con el agua y los abandona convirtiendo la tierra en fértil a su paso. Se producen varias cosechas al año en las llanuras junto al río.

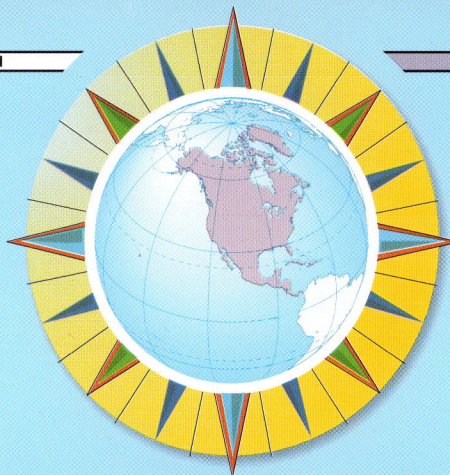

AMÉRICA DEL NORTE

Dentro del continente americano, América del Norte es la parte de mayor tamaño. Se extiende desde el Ártico congelado en el norte hasta los trópicos del sur. El invierno en el extremo norte es más crudo y frío debido a los vientos gélidos que soplan del Ártico. La mayor parte del continente goza de veranos cálidos o calurosos. Las Montañas Rocosas se extienden hacia el suroeste del continente, desde Canadá hasta México. Al este del continente se encuentran los Apalaches, y estas dos cordilleras están separadas por llanuras que a su vez están surcadas por los grandes ríos Mississippi y Missouri. América del Norte consta de tres grandes países: Canadá, Estados Unidos y México; así como de la isla de Groenlandia y países más pequeños de Centroamérica y el Caribe.

Pureza cristalina
Canadá posee más lagos y agua en el interior que cualquier otro país del mundo, Se han establecido muchos parques nacionales para proteger los lagos y las zonas que los rodean.

¡Arriba esos pulgares!
La población de Estados Unidos la conforman personas de muy diversas culturas.Colonizadores de Europa, África y Asia, así como los nativos americanos, forman una sociedad multicultural.

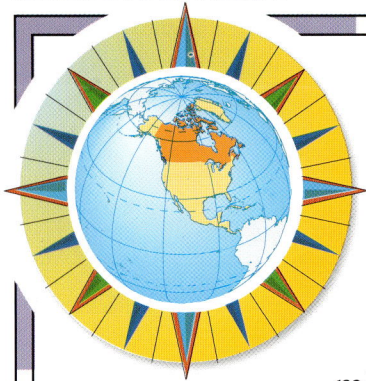

Canadá

Canadá es un país enorme – el segundo más grande del mundo después de la Federación Rusa. Aún así, la mayor parte de los 30 millones de personas que viven en Canadá habitan en el sur, en ciudades que limitan con Estados Unidos. Muy pocos viven en los territorios del noroeste, o en las islas del norte, puesto que estas tierras se encuentran en el Círculo Ártico cuyas temperaturas pueden bajar hasta los -40ºC. Las Montañas Rocosas del oeste aparecen cubiertas de árboles, y cobijan animales salvajes como el águila calvo. En el norte, es posible encontrar osos polares. En la zona central se cultiva una gran cantidad de trigo.

En Canadá se hablan dos lenguas oficiales – francés e inglés. La mayor parte de los canadienses francófonos viven en la provincia de Québec.

Un viaje largo
Las mariposas reina de Canadá se reúnen a miles cada otoño y vuelan hacia el sur. Pasan el invierno en Florida, el sur de California y el norte de México. Algunas viajan durante 3.430km.

HECHOS Y CIFRAS

Ciudades más grandes
Toronto 4.683.000
Montreal 3.426.000

Río más largo
Mackenzie 1.733Km

Lago más grande
Lago Superior 82.350km^2. Es el lago más grande de América del Norte y el segundo más grande del mundo.

Montaña más alta
Monte Logan 5.959m

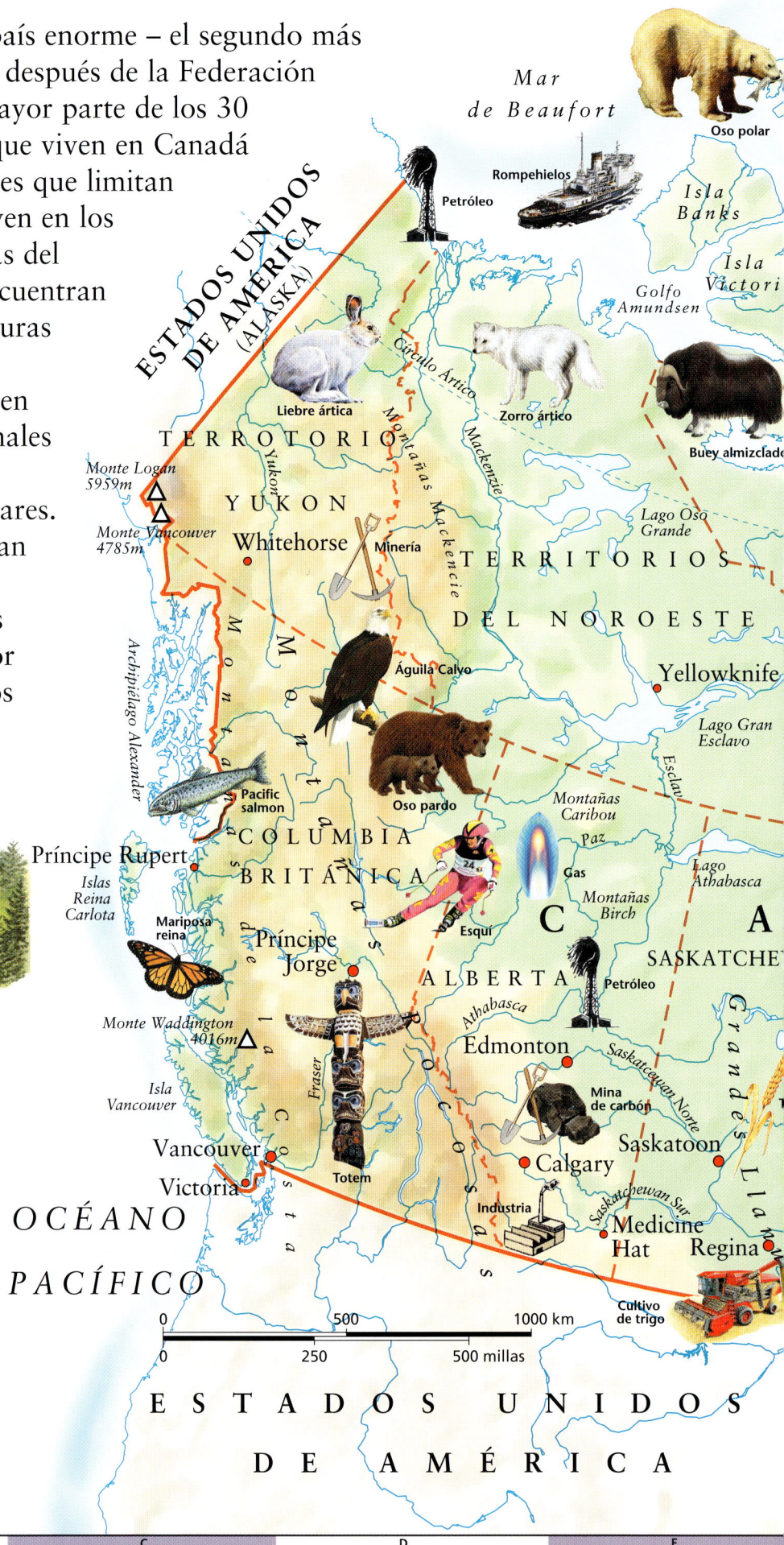

OCÉANO
ÁRTICO

Mar
de Beaufort

Oso polar

Rompehielos

Petróleo

Isla
Banks

ESTADOS UNIDOS
DE AMÉRICA
(ALASKA)

Golfo
Amundsen

Isla
Victori

Círculo Ártico

Liebre ártica

Zorro ártico

Buey almizclado

Lago Oso
Grande

Monte Logan
5959m

TERROTORIO

YUKON

Whitehorse

Minería

Mackenzie

TERRITORIOS

DEL NOROESTE

Montañas Mackenzie

Yukon

Monte Vancouver
4785m

Yellowknife

Águila Calvo

Lago Gran
Esclavo

Esclavo

Archipiélago Alexander

Pacific
salmon

Oso pardo

Montañas
Caribou

Paz

COLUMBIA

BRITÁNICA

Gas

Montañas
Birch

Lago
Athabasca

Príncipe Rupert

Islas
Reina
Carlota

Mariposa
reina

Esquí

C

A

SASKATCHE

Príncipe
Jorge

ALBERTA

Petróleo

Monte Waddington
4016m

Athabasca

Edmonton

Saskatchewan Norte

Grandes Llan

Fraser

Totem

Mina
de carbón

Isla
Vancouver

Vancouver

Victoria

Industria

Calgary

Saskatoon

Saskatchewan Sur

OCÉANO

PACÍFICO

Medicine
Hat

Regina

Cultivo
de trigo

0		500		1000 km
0	250		500 millas	

ESTADOS UNIDOS

DE AMÉRICA

Isla Ellesmere

Isla Axel Heiburg

Islas Reina Isabel

Groenlandia (Dinamarca)

Isla Melville

Islas Parry

Isla Devon

Estrecho del Vizconde Melville

Estrecho Lancaster

Bahía Baffin

Foca Anillada

Narwhal

Canal McClintock

Isla Somerset

Isla Príncipe de Gales

Golfo de Boothia

Península Boothia

Isla Baffin

Estrecho Davis

Círculo Ártico

A todo gas

El hockey sobre hielo es el deporte más popular de Canadá. Este juego, que implica grandes velocidades, se practicó por primera vez sobre las aguas congeladas del puerto de Kingston, Ontario, hacia 1860.

Península Melville

Isla Príncipe Carlos

Cuenca Foxe

Lago Nettilling

Lobo

Gente Inuit

Quitanieves

Caribú

Lago Amadjuak

Iqaluit

Mar Labrador

NUNAVUT

Isla Southampton

Estrecho Hudson

Cabo Chidley

OCÉANO ATLÁNTICO

Beluga

Ganso Canadiense

Bahía Ungava

Península Ungava

Marmota

Labrador

Canada

Lago Dubawnt

Minería

Lago ollaston

Bahía Hudson

N A D Á

TERRANOVA Y LABRADOR

Reserva Smallwood

Minería

Lago Reno

Churchill

Nelson

Lago Granville

Islas Belcher

QUÉBEC

Terranova

Saint John

Cape Race

MANITOBA

Trigo

Lago Winnipegosis

Castor

Bahía James

Reserva Manicouagan

Las Tierras Altas de San Lorenzo

Golfo de San Lorenzo

St Pierre y Miquelon (Francia)

Isla Cabo Bretón

Hockey sobre hielo

Leña

Woodchuck

Fábricas de papel

San Lorenzo

ISLA PRÍNCIPE EDUARDO

NUEVO BRUNSWICK

Charlottetown

NUEVA ESCOCIA

Lago Manitoba

Lago Winnipegosis

Ordenadores

ONTARIO

Minería

Lago Nipigon

Fredericton

Saint John

Halifax

Winnipeg

Industria

Bahía del Trueno

Minas de oro

Parlamento

Québec

Bahía de Fundy

Cabo Sable

Lago de los Bosques

Torre CN

Ottawa

Montreal

Bacalao

Lago Superior

Sudbury

Sault Ste Marie

KINGSTON

Industria

Pesca

Bahía Georgiana

Lago Hurón

Toronto

Lago Ontario

Hamilton

Lago Michigan

Cataratas del Niágara

Londres

Industria

Lago Erie

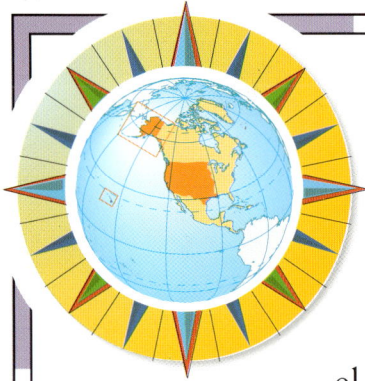

Estados Unidos Oeste

Los Estados Unidos ocupan el centro del continente de América del Norte. Se trata de una nación dividida en 50 estados. La tierra y el clima de un país tan grande varía enormemente, desde los desiertos de hielo árticos de Alaska hasta los desiertos de Arizona, los pantanos de los Everglades y las praderas del medio oeste.

La zona oeste de Estados Unidos incluye lugares como el Gran Cañón, un desfiladero profundo junto al río Colorado. En California, el clima resulta bueno para el cultivo de las naranjas. También encontramos allí Silicon Valley, donde se producen microchips y aparatos eléctricos.

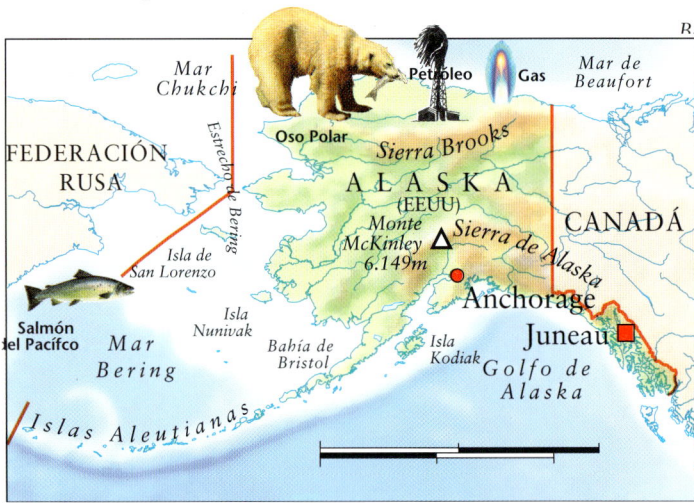

Estrecho de Juan de Fuca
Cabo Flattery
Monte Olimpo 2428m
Fabricación de aviones
Columbia
Seattle
WASHINGTON
Olimpia
Spokane
Monte Rainier 4392m
Manzanas
Cuenca de Columbia
Serpiente
Monte Saint Helens 2549m
Montañas Azules
Montañas Clearwater
Sierra Bitterroot
Salmon
Portland
Columbia
IDAHO
Salem
Ovejas
Montañas del río Salmon
Pesca
Producción de madera
OREGÓN
Eugene
Águila real
Patatas
Lago Malheur
Meseta Columbia
Boise
Serpiente
Trucha
Secuoya gigante
Sierra de la Costa
Cabo Mendocino
Monte Shasta 4316m
Pit
Oso pardo
E S T A
Minas de oro Humboldt
Salt Lake
Desierto de Salt Lake
Vino
Minas de oro
Lago Pirámide
Reno
Zorro veloz
Gran
Puente Golden Gate
Lago Tahoe
Carson City
Sacramento
NEVADA
Lago Sevier
San Francisco
Sierra Nevada
Cuenca
San José
Electrónica (Silicon Valley)
Uvas
Casinos
Serpiente Cascabel
Bahía Monterey
Fresno
Monte Whitney 4418m
Valle de la Muerte
CALIFORNIA
Las Vegas
Lago Mead
Gran Cañón
Presa Hoover
León marino
Naranjas
Desierto de Mojave
Gran Cañón
Cabo Concepción
Hollywood
Colorado
ARIZON
Los Ángeles
Tortuga del desierto
Phoenix
OCÉANO
San Diego
Mar Salton
Gila
PACÍFICO
Desierto Sonoran
Tucso
Monstruo de Gila

Mapa de Alaska

Mar Chukchi
Petróleo
Gas
Mar de Beaufort
Oso Polar
Sierra Brooks
FEDERACIÓN RUSA
Estrecho de Bering
ALASKA (EEUU)
Monte McKinley 6.149m
Sierra de Alaska
CANADÁ
Isla de San Lorenzo
Salmón del Pacífco
Mar Bering
Isla Nunivak
Bahía de Bristol
Isla Kodiak
Anchorage
Juneau
Golfo de Alaska
Islas Aleutianas

Mapa de Hawaii

Kauai
0 200 km
0 100 millas
Oahu
Honolulu
Molokai
HAWAII (EEUU)
Surf
Colina Maui Red 3055m
Mauna Kea 4205m
Hawaii
Mauna Loa 4.169m
Piña
OCÉANO
PACÍFICO

HECHOS Y CRIFRAS

Ciudades más grandes
Los Ángeles 12.745.000
Dallas 5.484.000

Estado más grande
Alaska

Río más largo
Mississippi-Missouri 6.020km

Montaña más alta
Monte McKinley 6.194m

Punto más profundo
Valle de la Muerte 86m bajo el nivel del mar

C A N A D Á

MÉXICO

MONTANA
Helena
Reses
Pronghorn

Milk
Missouri
Lago Fort Perk
Yellowstone

ivo de trigo

Sierra Absaroka
inas de oro
Petróleo
Bighorn
Montañas Bighorn
Cuenca de Bighorn
Minas a cielo abierto
WYOMING

Cuenca de la Gran División
Ovejas de Bighorn
ndustria
alt Lake ity
Bobcat
H de
MÉRICA
do

Montañas Laramie
Cheyenne
Esquí
Mount Elbert 4.399 m
Denver
Escarabajo colorado
COLORADO
Pueblo
Monte Wilson 4342m
Pico Wheeler 4011m
Lago Powell
Montañas de San Juan
Montañas Sangre de Cristo
Colorado

Lago Sakakawea
Badlands
Missouri Pequeño
DAKOTA DEL NORTE
Bismarck
Búfalos
Girasoles
Río Grande
DAKOTA DEL SUR
Pierre
Monte Rushmore
Cheyenne
Niobara
Maíz
Platte del Norte
Vaqueros
Platte del Sur
Republicano
Smoky Hill
KANSAS
Petróleo
Cultivo de trigo
Arkansas

Sheyenne
Río Rojo
James
Trigo

Lago de los Bosques
Almacén de grano
Águila Calva
MINNESOTA
Mississippi
Minneapolis
Saint Paul
Minnesota
Industria Electrónica
Perro de la pradera
Cataratas Sioux

Lago Superior
MICHIGAN
WISCONSIN
Mississippi

Cedar
Maíz
IOWA
Industria
Missouri
Cerdos
Des Moines
Des Moines

ILLINOIS

Ciudad de Kansas
Topeka
Conejo de cola de algodón
Industria
Girasoles
Wichita
Producción de aviones
MISSOURI
Dairy cattle
Meseta Ozak
Aves de corral
Cerveza
San Luis
Ciudad de Jefferson

Muñecas kachina
Gas
Canadiense
Trigo
Tulsa
Industria
Ciudad de Oklahoma
OKLAHOMA
Reses
Río Rojo
ARKANSAS
Montañas Ovachita
Little Rock
Arkansas
Arroz
Minas de bauxita
Armadillo
Soja
MISSISSIPPI

NUEVO MÉXICO
Santa Fe
Alburquerque
Electrónica
Algodón
Amarillo
Llano Estacado
Montaña Monte de Sacramento
Radiotelescopios
El Paso
Río Grande
Jackrabbit
Minas cobre
ierto Pintado
lorado pequeño
Salt

Lagarto de collar
Rodeo
Brados
Fort Worth
Dallas
Industria
Electrónica
Colorado
Sabine
Petroquímica
LOUISIANA
Baton Rouge
Cigala
Múscia jazz
Nueva Orleáns

Correcaminos
Pecos
Meseta Edwards
T E X A S
Austin
Houston
San Antonio
Reses
Petróleo
Torre de perforación

Delta del Mississippi
Pesca

Golfo de México

Estados Unidos de América

0 — 250 — 500 km
0 — 125 — 250 miles

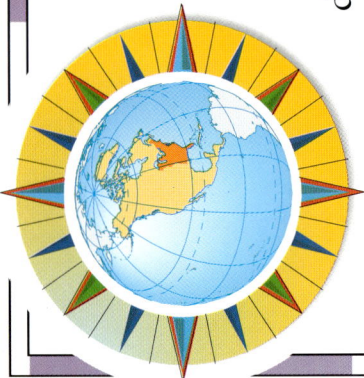

Estados Unidos Este

La zona este de los Estados Unidos de América sirvió de hogar para los primeros colonizadores europeos que llegaron a América en el siglo XVII y siguen siendo las áreas más pobladas hoy en día. Allí se encuentran las ciudades más importantes como Nueva York, Chicago y Washington D.C. Se extiende desde las costas rocosas de Maine hasta las islas soleadas de los Cayos de Florida, la costa este posee un paisaje variado con innumerables bahías y ensenadas. Más hacia el interior, se encuentra el sistema montañoso de los Apalaches, rico en depósitos minerales, que atraviesa el país. Gran parte del área que se encuentra alrededor todavía aparece cubierta de árboles – en Virginia Oeste, por ejemplo, un 75% de la tierra es bosque.

Los estados que rodean el Golfo de México disfrutan la mayor parte del tiempo de un clima templado. Florida se mantiene cálida todo el año. Goza de popularidad entre los turistas de Estados Unidos y de todo el mundo, y allí se localiza el Centro Espacial Kennedy en Cabo Cañaveral.

La Casa Blanca
Situada en Washington D.C. (Distrito de Columbia), la Casa Blanca es la residencia oficial del Presidente de los Estados Unidos de América. Washington D.C. es la capital de dicho país.

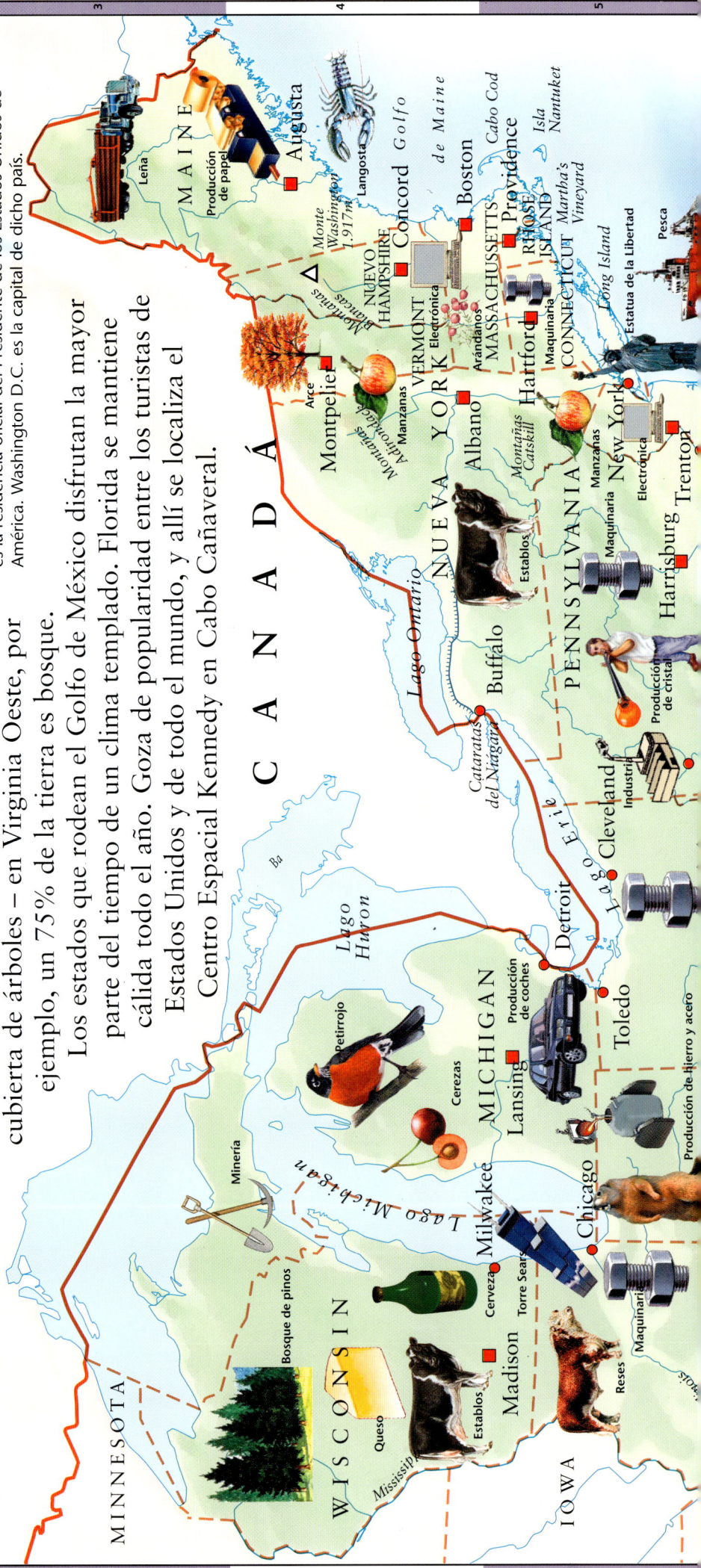

MAINE
Producción de papel
Leña
Augusta
Langosta
Golfo de Maine
Cabo Cod
Monte Washington 1.917m
Montañas Blancas
NUEVO HAMPSHIRE
Concord
Boston
Providence
RHODE ISLAND
Isla Nantuket
Martha's Vineyard
Pesca
VERMONT
Electrónica
MASSACHUSETTS
Hartford
CONNECTICUT
Maquinaria
Long Island
Estatua de la Libertad
Arce
Montpelier
Montañas Adirondack
Arándanos
Manzanas
NUEVA YORK
Albano
Montañas Catskill
Manzanas
New York
Electrónica
Trenton
CANADÁ
Lago Ontario
Buffalo
PENNSYLVANIA
Maquinaria
Harrisburg
Producción de cristal
Cataratas del Niágara
Lago Erie
Cleveland
Industria
Detroit
Lago Huron
MICHIGAN
Producción de coches
Toledo
Producción de hierro y acero
Petirrojo
Cerezas
Lansing
Mineria
Lago Michigan
Milwaukee
Cerveza
Torre Sears
Chicago
Maquinaria
Bosque de pinos
WISCONSIN
Queso
Establos
Madison
Reses
MINNESOTA
Mississip
IOWA
Ba

Baloncesto
El baloncesto es un deporte que nace en Estados Unidos en 1891 y consiste en dos equipos de cinco jugadores cada uno que intentan marcar encestando una pelota dentro del aro con red del oponente, lo que se denomina una canasta.

HECHOS Y CIFRAS

Ciudades más grandes
New York 18.603.000
Chicago 9.286.000
Filadelfia 5.752.000

Lago más grande
Lago Superior 82.350km²

Montaña más alta
Monte Washington 1.917m

Pez espada

Estados Unidos de América

Marisco

NEW JERSEY
Anápolis
DELAWARE
MARYLAND
WASHINGTON D.C.
Baltimore
La Casa Blanca
Chesapeake Bay
VIRGINIA
Richmond
Norfolk
Cabo Hatteras

Oposum
Tabaco
Huevos
Aves de corral
Cabo del Miedo

OHIO
Columbus
Cincinnati
VIRGINIA OESTE
Charleston
Ohio
Montañas Allegheny
Monte Rogers 1.746m

CAROLINA DEL NORTE
Raleigh
Charlotte
Maquinaria

CAROLINA DEL SUR
Columbia
Tabaco
Charlestone
Savannah
Savannah

OCÉANO ATLÁNTICO

ILLINOIS
Springfield
Indianápolis
INDIANA
Hermanos Wright
Maíz
Soja

MISSOURI
Mississippi

KENTUKY
Frankfort
Louisville
Caballos purasangre

Blue Ridge

Tennessee

TENNESSEE
Nashville
Música country
Chattanooga
Memphis
Siluro
Algodón

ESTADOS UNIDOS DE AMÉRICA

GEORGIA
Atlanta
Chattahoochee
Birmingham
Fábricas de acero
Mofeta
Melocotones
Plantación de cacahuete
Centro Epcot

ALABAMA
Montgomery
Alabama
Tombigbee
Mapache

FLORIDA
Jacksonville
Orlando
Tampa
Lago Okeechobee
Naranjas
Caimán
Los Everglades
Cabo Sable
Cabo Cañaveral (lanzadera espacial)
Cabo Cañaveral

Fuerte Lauderdale
Miami
Turismo
Cayos de Florida
Pelicano marrón

BAHAMAS

ARKANSAS

MISSISSIPPI
Jackson
Barco de vapor
Algodón

LUISIANA
Mobile
Talase
Barco de vapor
Delta del Mississippi
Barcos de carga
Llanura del Golfo Costero
Cabo de San Blas

Golfo de México

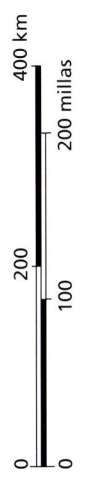

Tejidos
Piedemonte

200 km
400 km
100
200 millas

17

Mapa

Tijuana
Algodón
Mexicali
Desierto de Altar

ESTADOS UNIDOS DE AMÉRICA

Ciudad Juárez
Río Bravo del Norte
Río Grande

Isla del Ángel de la Guarda
Isla Tiburón
Algodón

Isla Cedros
Punta Eugenia

Yaqui

Ganado

Chihuahua

Conchos

Ferrocarril de la Montaña
Fábrica de acero

Algodón

Fuerte

Minas de oro

Caña de azúcar

Torreón

Monterrey

Trigo

Mariposa monarca

Algodón

La Paz
Culiacán
Turismo
Cabo San Lucas

MÉXICO

Caña de azúcar

Industria

Islas Tres Marías
Turismo
Cabo Corrientes

León

Islas Revillagigedo
Isla San Benedicto
Isla Socorro

Pez espada

Guadalajara

Lago de Chapala

Maíz
Industria

CIUDAD DE MÉXICO
Puebla

Popocatépetl 5452m
Pico Oriza 5700

Caña de azúcar
Balsas

Volcán de Popocatépetl
Café

Sierra Madre del Sur

Acapulco
Turismo

Quetzal

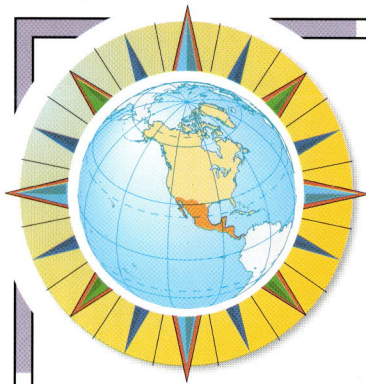

Los granjeros mexicanos han cultivado maíz, tomates, aguacates, pimientos y muchos tipos de judías durante miles de años. Hoy, el estilo de comida mexicano goza de popularidad en muchas partes del mundo. En la imagen, unas mujeres venden frutas y verduras en el mercado.

México y Centroamérica

Esta parte del continente americano la podemos describir como una franja estrecha de tierra que une el norte y el sur del continente. México, el país más grande, es una tierra de desiertos, volcanes y bosques tropicales. Si pasamos a Centroamérica nos encontramos con Guatemala, Belice, Honduras, El Salvador, Nicaragua, Costa Rica y Panamá.

Las selvas tropicales que cubren la tierra sirven de hogar a multitud de animales. Hace mucho tiempo, las civilizaciones Aztecas, Mayas y Olmecas prosperaban en el continente. En la actualidad, miles de turistas visitan cada año las ruinas de las ciudades Aztecas y Mayas.

El Canal de Panamá, se encuentra en Panamá. Se extiende a lo largo de 82km y une los océanos Pacífico y Atlántico. Antes de que se inaugurara en 1914, los barcos debían dar la vuelta por el estrecho de Magallanes en América del Sur, para pasar al otro océano.

Plátanos
La mayor producción de Honduras son los plátanos. Proporcionan prácticamente un cuarto de los beneficios del país.

Ciudad bulliciosa

La ciudad de México es la tercera ciudad más grande del mundo y en ella habitan casi 21 millones de habitantes. La gente disfruta viendo los toros, o deportes como el baloncesto o el fútbol, en grandes estadios.

Atún

G o l f o
d e
M é x i c o

Langosta

México

Mérida

Bahía de Campeche

Chichén Itzá

Isla Cozumel

Canal de Yucatán

Península de Yucatán

Perforación en tierra

Laguna de Términos

Macaco escarlata

Belice

HECHOS Y CIFRAS

Ciudades más grandes
Ciudad de México 20.965.000
Guadalajara 3.847.000
Monterrey 3.468.000

Río más largo
Río Grande 3.304 km

Lago más grande
Lago Nicaragua, Nicaragua 8.200km²

Montaña más alta
Pico de Orizaba, Mexico 5.700m

Istmo de Tehuantepec

Petén

Café

Tikal

Usumacinta

BELICE

BELMOPAN

Isla Swan (Honduras)

Golfo de Honduras

Honduras

Presa de la Angostura

GUATEMALA

Cítricos

Laguna de Caratasca

Sierra Madre

Golfo de Tehuantepec

Volcán Tajumulco 4220m

HONDURAS

Patuca

Café

Café

Coco

Plátanos

CIUDAD DE GUATEMALA

Café

TEGUCIGALPA

Café

SAN SALVADOR

Costa de los mosquitos

EL SALVADOR

Nicaragua

Guatemala

El Salvador

NICARAGUA

MANAGUA

Lago Nicaragua

Panamá

San Juan

COSTA RICA

Douroucouli

SAN JOSÉ

Canal de Panamá

Golfo de Darien

Golfo de los Mosquitos

PANAMÁ CIUDAD DE PANAMÁ

Café

Costa Rica

Golfo de Chiriqui
Isla de Coiba

Golfo de Panamá

Tucán

COLOMBIA

0	300	600 km

0	150	300 millas

Templos en la jungla

Los Mayas vivían en Tikal, Guatemala, hace unos 3.000 años. Existen más de 3.000 edificios en ruinas en ese lugar, incluyendo templos impresionantes.

ESTADOS UNIDOS
DE AMÉRICA
(FLORIDA)

*Golfo
de
México*

Turismo

Isla Gran Bahama

Freport

Gran Ábaco

Bahamas

Isla Eleuthera

NASSAU

New Providence

Andros

Cat Island

BAHAMAS

Long Island

Cuba

LA HABANA

Tabaco

C U B A

Pesca

Isla Acklins

Canal de Yucatán

Producción de puros

Isla de la Juventud

G

r

e

a

t

e

r

Buceo

Islas Caimán (G.B.)

Gran Caimán

Caña de azúcar

Camagüey

Caña de azúcar

Santiago de Cuba

Pasa

Turismo

Bahía Montego

JAMAICA

Isla Navassa (EEUU)

Bananas

Minería

KINGSTON

A

Cruceros

Jamaica

¡Fiesta!
Los festivales y los carnavales son motivo de fiesta. La gente viste disfraces coloridos y tocan música mientras desfilan por las calles.

El Caribe

Una cadena de islas separa el Océano Atlántico del Mar Caribe. En esta zona pueden encontrarse muchos países y cientos de islas. Cuba es la isla más grande, ocupando1100km de longitud. Haití y la República Dominicana comparten la propiedad de la segunda más grande, La Española. Algunas de las otras islas son tan pequeñas que no están habitadas. Todas las islas disfrutan de un clima tropical con la estación de lluvias localizada entre los meses de junio y noviembre. A veces, tormentas violentas, denominadas huracanes, barren el Caribe. Los vientos fuertes y la lluvia torrencial pueden provocar daños graves. La zona se encuentra rodeada de arrecifes de coral y los turistas pueden bucear en las aguas cálidas o explorar las playas decoradas con multitud de palmeras.

HECHOS Y CIFRAS

Ciudades más grandes
Santo Domingo 2.677.000
La Habana 2.198.000
Puerto Príncipe 1.557.000

Punto más alto
Pico Duarte 3.175m

Número de islas
Aproximadamente 100

Número de huracanes
Una media de 6 por año, en la estación de los huracanes entre junio y noviembre, pueden alcanzar hasta 250km/h.

F   G   H   I   J

1

2

Playas paradisíacas
Los turistas viajan al Caribe para disfrutar de las playas de arena blanca. Los ingresos por turismo resultan vitales para la economía de estos países.

3

d
i
a
s

Islas Turku y Caios (GB)

Great Inagua

ward

O C É A N O   A T L Á N T I C O
d
e
l
O
e
s
t
e

I s l a s   d e   S o t a v e n t o

Isla Tortuga
• Port-dePaix

REPÚBLICA DOMINICANA

• Santiago

HAITÍ
△ *Pico Duarte 3175m*
La Española

PUERTO PRÍNCIPE
SANTO DOMINGO

Cacao

Pasaje de la Mona

Puerto Rico (EEUU)
• San Juan

Islas Vírgenes (EEUU)

Islas Vírgenes Británicas

Anguilla (GB)

San Martín (Francia)
San Bartolomeo (Francia)

Antillas holandesas (Holanda)

Barbuda

Saint Kitts
Nevis

ANTIGUA Y BARBUDA
• **SAN JUAN**

Antigua

n
t
i
l
l
a
s

Haití

República Dominicana

BASSETERRE
SAN CRISTÓBAL Y NEVIS

San Cristóbal y Nevis

Montserrat (GB)

Pasaje de Guadalupe

Tierra Grande

Basse Terre
Guadalupe (Francia)
• **Basse Terre**

Antigua y Barbuda

4

M a r   C a r i b e

Dominica

DOMINICA **ROSEAU**

Pasaje de Martinico

ñ

Martinico (Francia)

Barbados

Santa Lucía

SANTA LUCÍA

Fort-de-France

5

Tiburones

Vela

A n t i l l a s

CASTRIES

Pasaje de San Vicente

San Vicente

BARBADOS

KINGSTOWN

SAN VICENTE Y LAS GRANADINAS

Islas Granadinas

BRIDGETOWN

p
e
q
u
e
ñ

Aruba (Holanda)
• Oranjestad

Antillas holandesas (Holanda)

Bonaire

• Willemstad
Curaçao

Los Roques (Venezuela)

San Vicente y las Granadinas

SAN JORGE
GRANADA

I s l a s   W i n w e d

6

COLOMBIA

0   250   500 km

0   125   250 millas

Granada

Turismo

Tobago

PUERTO ESPAÑA

TRINIDAD Y TOBAGO

Trinidad

Trinidad y Tobago

V E N E Z U E L A

F   G   H   I   J

Río poderoso

El enorme río Amazonas fluye a lo largo de América del Sur. Alfombras gigantes de lirios como la de la imagen crecen con fuerza en las zonas donde las aguas del río son más tranquilas.

AMÉRICA DEL SUR

América del Sur es el cuarto continente más grande. Se extiende desde el Mar caribe al norte, hasta las frías islas en su extremo sur. Al noroeste del continente se encuentra la Cuenca Amazónica, un paraje tropical cálido y húmedo durante todo el año. El río Amazonas y la selva tropical del mismo nombre, la más grande del mundo, se encuentran en este continente. Hacia el sur el clima es más fresco. La cordillera más larga del mundo, los Andes, se extiende a lo largo de 7.250km en el extremo oeste del continente.

Casi todos los países de América del Sur son hispano hablantes y la mayor parte de los habitantes viven en ciudades grandes de la costa.

Montañas

El Parque Nacional de Paine se encuentra en la parte sur de Chile. La virginidad del paisaje muestra las montañas en toda su plenitud.

Música encantadora

Una joven peruana toca una melodía tradicional con su flauta. Las notas se consiguen soplando por el extremo de los tubos de bambú.

Zona norte de América del Sur

La selva tropical más grande del mundo se extiende en la zona norte de América del Sur, ocupando la cuenca Amazónica. Esta región dotada de bosques abundantes se encuentra repleta de recursos muy valiosos, cacao, chocolate, nueces, maderas exóticas para construcción, y plantas medicinales.

Brasil es el país más grande de América del Sur y ocupa prácticamente la mitad del continente. Gran parte de la producción mundial de café y caña de azúcar proviene de esta tierra. La mayoría de los habitantes viven en ciudades y pueblos cercanos a la costa. Brasil posee una población muy joven – la mayoría de los habitantes tienen menos de 20 años. Venezuela es el país más rico de América del Sur y dispone de reservas de petróleo y otros minerales. También se encuentra allí la catarata más alta del mundo, el Salto del Ángel.

Los países al oeste del continente se encuentran dominados por lo Andes, la sierra montañosa más larga del mundo. Bolivia presenta dos capitales – La Paz y Sucre. La Paz, sede del gobierno, sobre los Andes, es la capital más elevada del mundo.

De pie en las alturas
La estatura impresionante del Cristo Redentor corona Río de Janeiro, la capital cultural de Brasil, donde el fútbol y el carnaval alcanzan su máximo esplendor en el mundo.

Mapa

Barranquilla
Mar Caribe
Maracaibo
Golfo de Darien
Cartagena
Lago Maracaibo
PANAMÁ
Cúcuta
Golfo de Panamá
Medellín
Tejidos
Cauca
Magdalena
Petróleo
BOGOTÁ
Ll a
Met
Colombia
COLOM
Cali
Estatua de piedra
Pesca
Caquetá
ECUADOR
Bananas
QUITO
Ecuador
Cotopaxi 5897m
Chimborazo 6310m
Napo
Putumayo
Ecuador
Guayaquil
Golfo de Guayaquil
Amazonas
Hoatzin
Marañón
Ucayali
Juruá
Minas de cobre
Trujillo
Huascarán 6,768m
PERÚ
Perú
LIMA
Machu Picchu
Cuzco
A n d e s
Bolivia
Nevado Coropuna 6613m
Arequipa

OCÉANO PACÍFICO

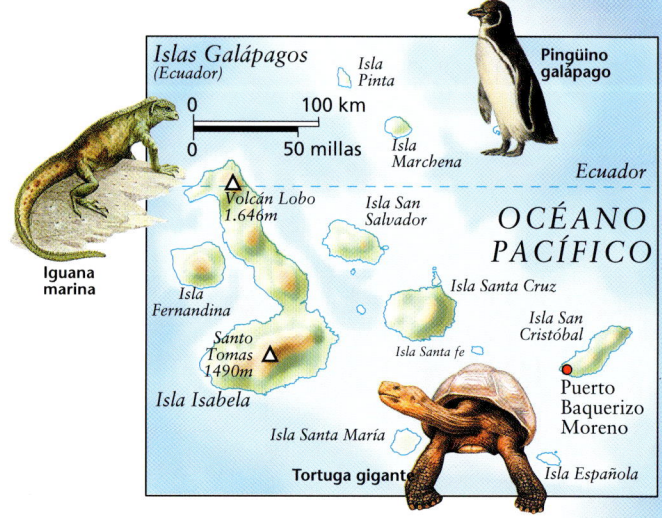

Islas Galápagos (Ecuador)
Isla Pinta
Pingüino galápago
0   100 km
0   50 millas
Isla Marchena
Volcán Lobo 1.646m
Isla San Salvador
Ecuador
OCÉANO PACÍFICO
Iguana marina
Isla Fernandina
Santo Tomas 1490m
Isla Santa fe
Isla Santa Cruz
Isla San Cristóbal
Isla Isabela
Puerto Baquerizo Moreno
Isla Santa María
Tortuga gigante
Isla Española

Aruba (Holanda)
Antillas holandesas (Holanda)

Valencia
CARACAS
Barquisimeto

Isla de Margarita

Minas de hierro
Maturín

TRINIDAD Y TOBAGO

Guyana

Surinam

Apure
Orinoco
Petróleo

VENEZUELA

Madera
Catarata del Ángel

Tierras Altas de Guyana

GEORGETOWN

GUYANA

PARAMARIBO

SURINAM

Cayena

Guayana Francesa (Francia)

Embalse de Guárico

Cacao

Boa esmeralda

Essequibo

Guaviare

IA

Orinoco

Negro

Japurá

enca del

Mono araña

Pirañas

Presa de Balvina

Manaus

Amazonas

Macaco escarlata

Amazonas

Desembocadura del Amazonas

Bahía de Marajó

Ecuador

Isla de Marajó

Bahía de San Marcos

HECHOS Y CIFRAS

Ciudades más grandes
Sao Paulo 17.834.000
Río de Janeiro 10.872.000

Punto más alto
Huascarán 6.768m

Catarata más alta
Salto del Ángel 978m

Río más largo
Amazonas 6.448km

Lago más grande
Lago Titicaca 8.300km²

Tucán

A m a z o n a s

Madeira

Purus

Tapajós

Iriri

Xingu

Selva tropical

Perezoso

B R A S I L

Presa de Tucurí

Belém

Ganado

Industria

Fortaleza

Cabo de San Roque

Café

Natal

Caña de azúcar

Recife

Nueces de Brasil

Leña

San Manuel

Juruela

Bananas

Tabaco

Catedral basílica

Madre de Dios

B O L I V I A

Nevado de Ancohuma 6550m

Producción de papel

Mato Grosso

Araguaia

Tocantins

Presa de Sobradito

Cacao

Salvador

Brasil

ticaca

LA PAZ

Oruro
SUCRE

Nevado Sajama 6542m

Altiplano

Lago Poopó

Minas de estaño

Pantanal

Armadillo

Guyana

BRASILIA

Minería

Tierras altas

de Brasil

Cristo Redentor

Paranaíba

Maíz

Café

Cítricos

Belo Horizonte

Industria

Río Grande

Río de Janeiro

CHILE

PARAGUAY

Paraná

Bananas

Sao Paulo

Producción de acero

A R G E N T I N A

Uruguay

Sierra Peral

Soja

Curitiva

O C É A N O

A T L Á N T I C O

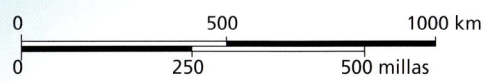

0   500   1000 km
250   500 millas

Porto Alegre

Lago de los Patos

Lago Mirim

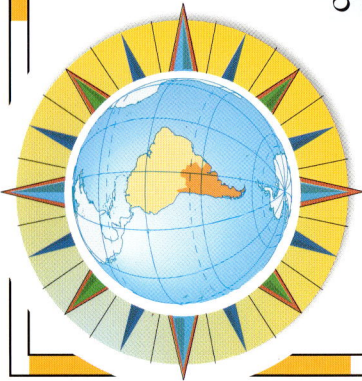

Zona sur de América del Sur

Cuatro países componen la zona sur de América del Sur: Chile, Argentina, Paraguay y Uruguay. Chile es un país largo y estrecho que se extiende entre el Océano Pacífico y los Andes. El lugar más seco del mundo, el desierto de Atacama, se encuentra en Chile.

Argentina, con un paisaje muy variado incluye los picos dentados de los Andes y las praderas de la región de la Pampa. Al sur del país se encuentra la Patagonia. En el extremo de la zona sur de América, se halla una isla extremadamente fría denominada Tierra del Fuego, a 1.000km de la Antártica.

Uruguay y Argentina comparten el estuario del Río de la Plata.

Paraguay es un país totalmente interior. La mayoría de sus habitantes son mestizos de ascendencia Americana y Española. En los demás países, la mayoría de la población son descendientes de colonizadores europeos que llegaron hace unos 500 años.

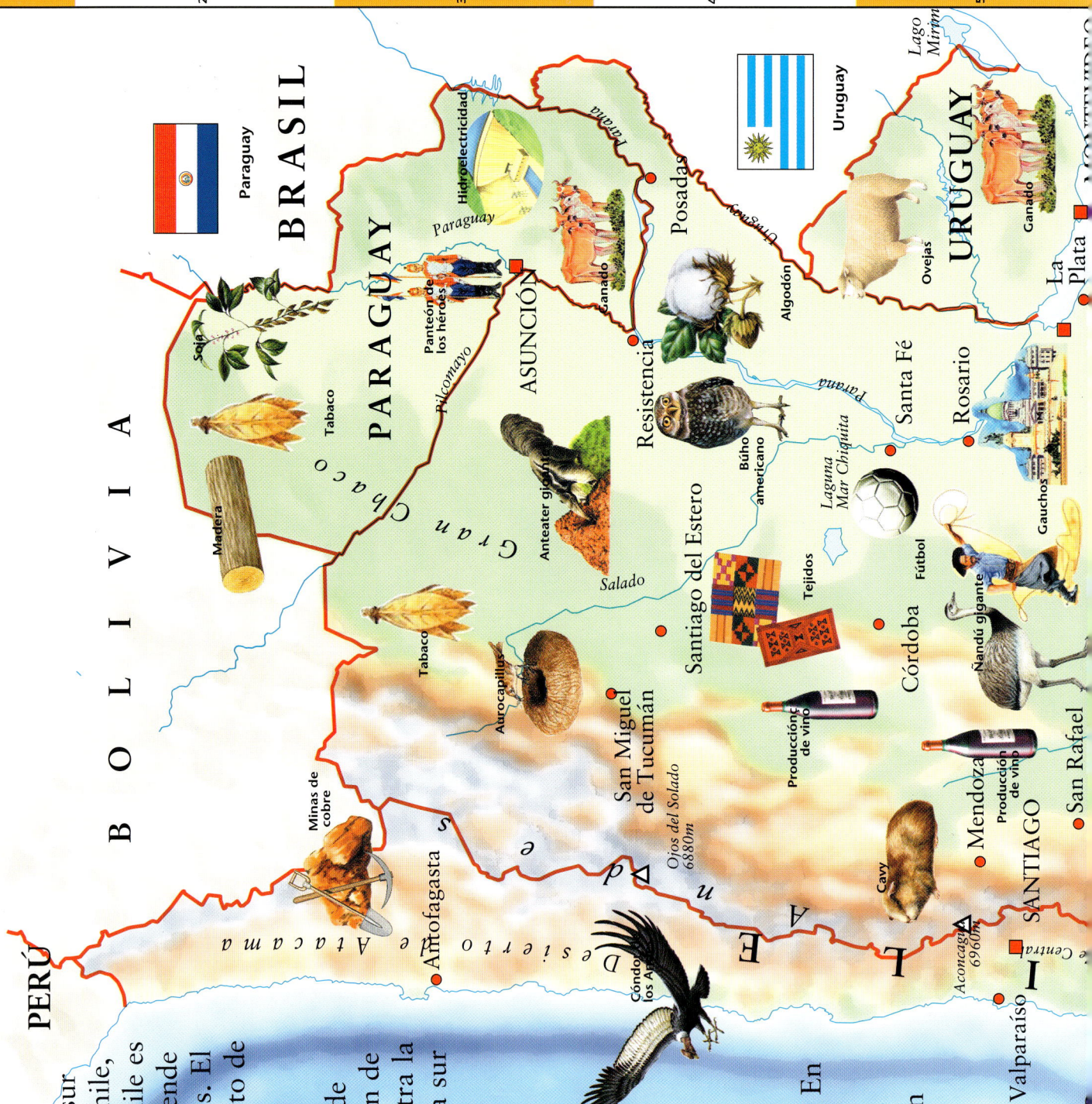

BRASIL

Paraguay

PARAGUAY

Uruguay

URUGUAY

BOLIVIA

PERÚ

Hidroelectricidad

Panteón de los héroes

ASUNCIÓN

Posadas

Resistencia

Ganado

Algodón

Ganado

ovejas

La Plata

Soja

Tabaco

Madera

Gran Chaco

Anteater gigante

Salado

Santa Fé

Rosario

Búho americano

Laguna Mar Chiquita

Tejidos

Fútbol

Gauchos

Tabaco

Aurocapillus

San Miguel de Tucumán

Santiago del Estero

Córdoba

Ñandú gigante

Producción de vino

Producción de vino

San Rafael

Minas de cobre

Antofagasta

Atacama

Desierto de

Ojos del Solado 6880m

Cavy

Mendoza

Producción de vino

Aconcagua 6960m

SANTIAGO

Cóndor de los Andes

Valparaíso

Central

Lago Mirim

Paraná

Uruguay

Pilcomayo

Salado

Paraguay

Parana

26

PACÍFICO

ARGENTINA

OCÉANO ATLÁNTICO

Punta Norte

Mar del Plata

Delfines

Ganado

Pesca

Bahía Blanca

Punta Rasa

Mara

Bahía Blanca

Río Negro

Salado

Colorado

Uvas

Concepción

Pesca

Producción de papel

Lobo de crin

Armadillo

Golfo de San Matías

Península Valdés 40m

Ballena gris

Argentina

Golfo de San Jorge

Cabo Tres Puntas

Salmón

Isla de Chiloé

Golfo de Corcovado

Archipiélago de los Cronos

Península Taitao

Golfo de Penas

Chile

Madera

Isla Wellington

Archipiélago Reina Adelaida

Oceéjas

Deseado

Chico

Santa Cruz

Bahía Grande

Perforación en tierra

Estrecho de Magallanes

Punta Arenas

Tierra del Fuego

Isla de los Estados

Cabo de Hornos

Islas Malvinas

Puerto Argentino

Soledad

Gran Malvina

Pingüino de penacho

Gauchos

Ganaderos profesionales a caballo, denominados gauchos, cuidan del ganado en Argentina. Las llanuras vastas del país proporcionan una tierra buena para el ganado vacuno y las ovejas.

Desierto de Atacama

El desierto de Atacama en Chile es el lugar más seco de la tierra. Algunas zonas de este desierto frío no han visto la lluvia desde hace unos 400 años.

0   150   300   600 km
0   300 millas

HECHOS Y CIFRAS

Ciudades más grandes
Buenos Aires 11.931.000
Santiago 6.039.000
Montevideo 1.370.000

Punto más alto
Aconcagua 6.960m

Punto más bajo
Península Valdés 40m bajo
el nivel del mar

Río más largo
Paraná-Río de la Plata
4.880km

Presa más grande
Presa de Itaipú en el río
Paraná (la más grande del
mundo en vol. de agua)

Cantidad de ganado
58 millones en Argentina
(2000)

Groenlandia
(Dinamarca)

500 km
250
500 millas

Bjornoya
(Noruega)

Jan Mayen
(Noruega)

REYKIAVIK
ISLANDIA

Islas Faeroe
(Dinamarca)

NORUEGA

SUECIA

FINLANDIA

HELSINKI

FEDER
RU

Islas
Shetland

OSLO

ESTOCOLMO

TALLINN

ESTONIA

MOSCÚ

Islas
Orkney

Gotland

RIGA
LETONIA

Islas Hebridas

Öland

LITUANIA

REINO
UNIDO

DINAMARCA

FED. RUSA
VILNA

REPÚBLICA
DE IRLANDA

Isla de Man
(GB)

COPENHAGUE

MINSK

DUBLIN

BIELORRUSIA

HOLANDA

VARSOVIA

LONDRES

ÁMSTERDAM

BERLÍN

KIEV

Islas del Canal
(GB)

LA HAYA

BRUSELAS

BÉLGICA

ALEMANIA

POLONIA

UCRANIA

LUXEMBURGO

PRAGA

PARÍS

LUX

REPÚBLICA
CHECA

ESLOVAQUIA

MOLDAVIA

FRANCIA

BERNA

VADUZ
LIECH.

VIENA

BRATISLAVA

CHISINAU

SUIZA

AUSTRIA

BUDAPEST

PORTUGAL

ANDORRA
LA VELLA

ANDORRA

MÓNACO

SAN
MARINO

HUNGRÍA

ESLOVENIA
LJUBLJANA

ZAGREB
CROACIA

BELGRADO

RUMANÍA

BUCAREST

LISBOA

MADRID

ITALIA

BOSNIA
HERZEGOVINA

SARAJEVO

ESPAÑA

Córcega

Mallorca

ROMA

CIUDAD DEL
VATICANO

SERBIA Y
MONTENEGRO

BULGARIA

SOFÍA

Ibiza

Menorca

SKOPJE
MACEDONIA

TURQUÍA

Islas Baleares

Cerdeña

Gibraltar
(GB)

TIRANA

ALBANIA

GRECIA

Sicilia

ATENAS

Isla de
Rodas

ÁFRICA

MALTA

LA VALLETA

Creta

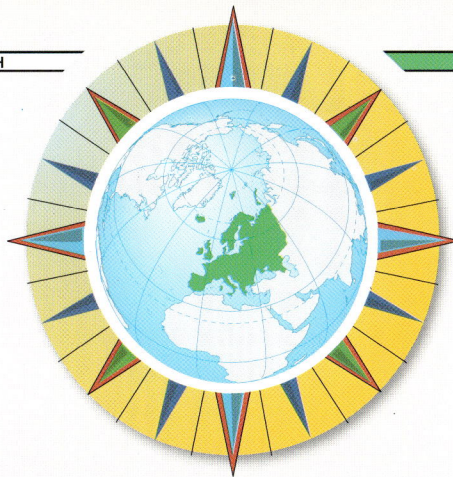

A S I A

C I Ó N

A

A S I A

EUROPA

Europa es el segundo continente más pequeño, pero sus 43 países están densamente poblados, esto hace que sea el continente más poblado.
Se extiende desde las tierras que lindan con el Océano Atlántico al oeste, hasta los Urales en la Federación Rusa al este, y desde el mar Báltico al norte hasta el Mar Mediterráneo al Sur. Se trata de un continente de penínsulas e islas y su costa desigual mide casi 61.000km. Si se extendiera toda esa superficie se podrían dar 1,5 vueltas al Ecuador. Gran parte de Europa es montañosa. Los países del Mediterráneo disfrutan de veranos secos y calurosos e inviernos cálidos y húmedos. El clima en gran parte del resto de Europa es del tipo continental; frío en invierno y caluroso en verano.

Muchos países de Europa existen desde hace cientos de años; otros se han formado recientemente.

Tradiciones nacionales
Muchos países poseen tradiciones fuertes. Las niñas de la fotografía aparecen vestidas con el traje tradicional de Letonia.

Costa accidentada
Las islas Baleares, en la imagen, son sólo un ejemplo de las islas y regiones costeras de Europa que se benefician de las visitas de muchos turistas cada año.

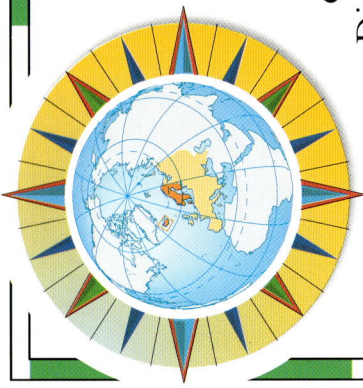

Noroeste de Europa

Cuatro países al Noroeste de Europa forman el área denominada Escandinavia: Noruega, Suecia, Finlandia y Dinamarca. Hacia el oeste, se encuentra la isla volcánica de Islandia. El extremo norte de Escandinavia se adentra en el Círculo Ártico, pero la Corriente Atlántica Norte, un océano que arrastra agua templada a través del Océano Atlántico, templa su clima frío.

El paisaje escandinavo es montañoso y boscoso. A lo largo de la costa de Noruega se extienden estuarios largos y profundos denominados Fiordos. También se encuentran miles de lagos – sólo en Suecia se cuentan 95.000.

Noruega presenta cinco de las cataratas más altas del mundo: Utigard, Mongefossen, Espelandsfoss, Ostre Mardola Foss y Tyssestrengane.

Dinamarca es básicamente llana y dedica mayormente su tierra al cultivo.

Islandia se presenta parcialmente cubierta de campos de hielo y glaciares. La tierra es volcánica y posee muchos geisers y manantiales cálidos.

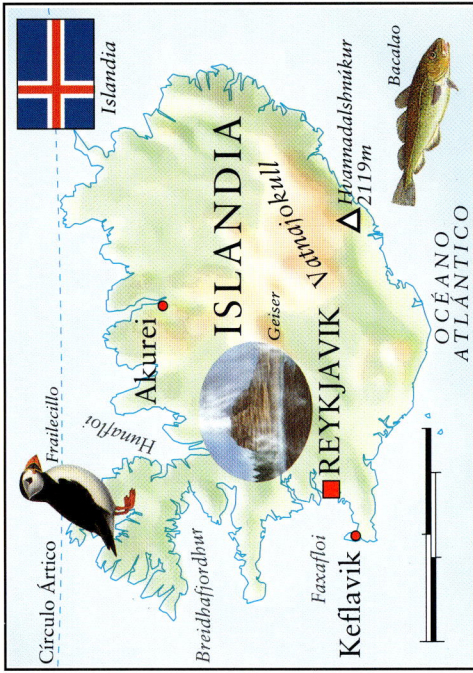

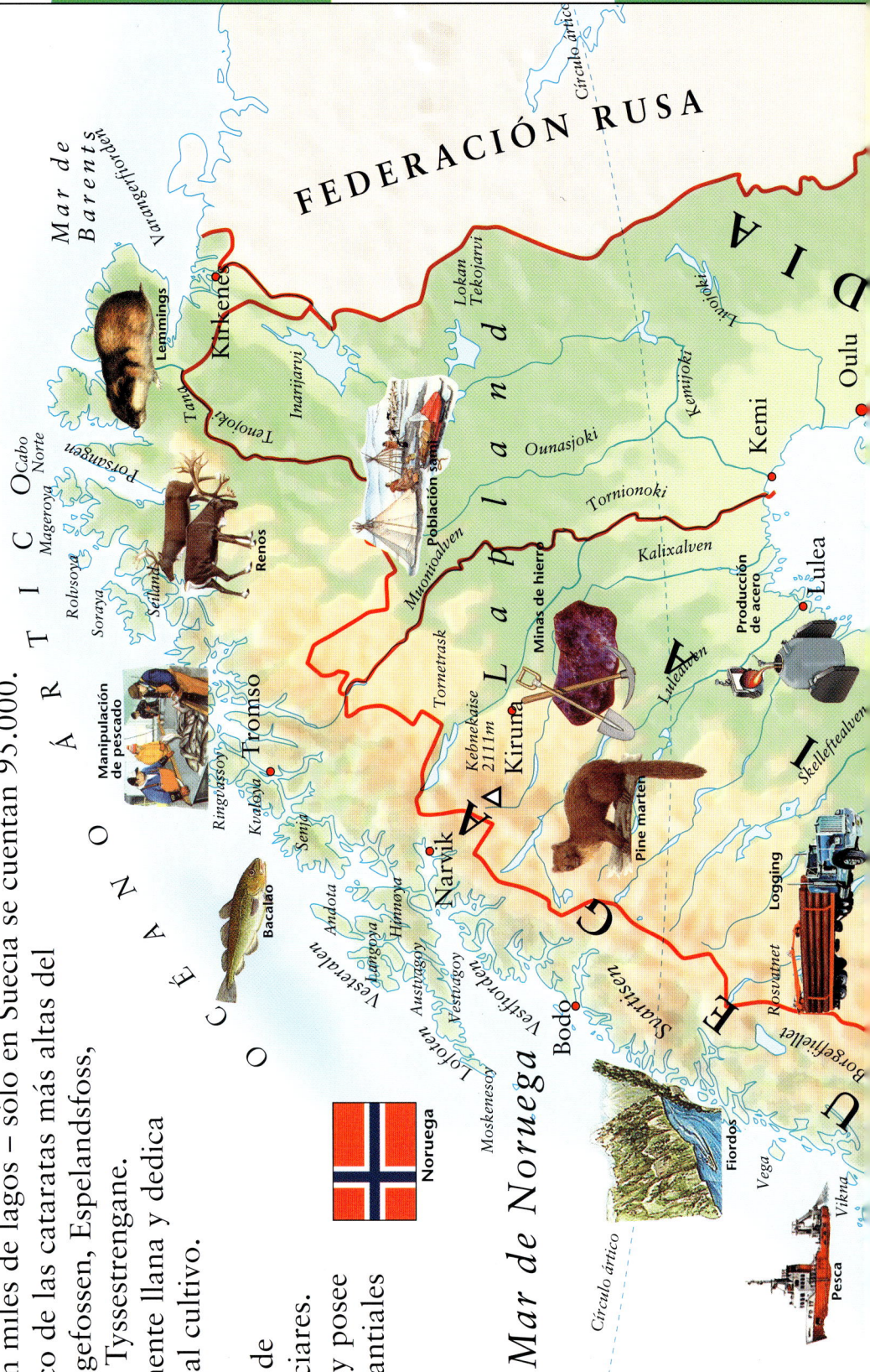

HECHOS Y CIFRAS

Ciudades más grandes
Estocolmo 1.661.000
Copenhague 1.386.000

Lago más grande
Lago Vänern 5.585km²

Punto más alto
Galdhopiggen 2.479m

Cascada más grande
Utigard (800m), es la tercera más grande del mundo

Recuadro de Islandia

Islandia

ISLANDIA

Círculo Ártico
Fraflecillo
Hunafloi
Akurei
Breidhafjordhur
Faxafloi
Keflavik
■ REYKJAVIK
Geiser
Vatnajokull
△ Hvannadalshnukur 2119m
Bacalao
OCÉANO ATLÁNTICO

Mapa principal

FEDERACIÓN RUSA

Mar de Barents

Varangerfjorden
Lemmings
Kirkenes
Tana
Tenojoki
Inarijarvi
Lokan
Tekojarvi
Lttojoki
Kemijoki
Oulu

Cabo Norte
Mageroya
Porsangen
Renós
Población sami
Ounasjoki
Tornionoki
Kemi

Rolvsoya
Soraya
Sellands
Minas de hierro
Kalixalven
Producción de acero
Lulea

Muonioalven
Lapland

Manipulación de pescado
Tornetrask
Kebnekaise 2111m
Luleaven
Skellefteälven

Ringvassoy
Tromso
Kvaloya
Senja
△ Kiruna
Pine marten

Bacalao
Andota
Narvik
Rosvatnet
Logging

Vesteralen
Langoya
Hinnoya
Austvagoy
Svartisen
Borgefjellet

Lofoten
Vestfjorden
Bodo
Fiordos
Vega
Vikna

Moskenesoy
Círculo ártico
Pesca

Mar de Noruega

ÁRTICO
OCÉANO

Noruega

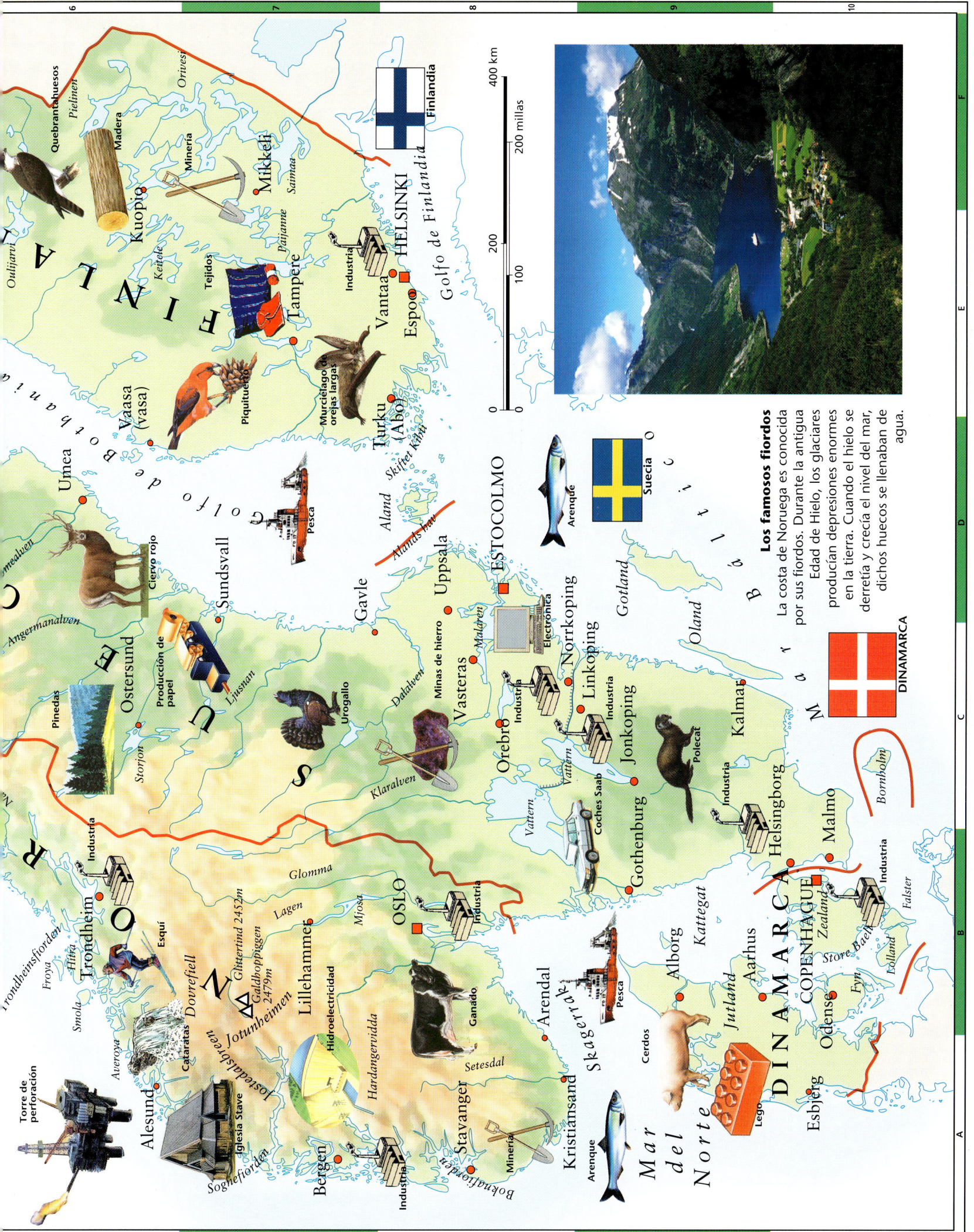

FINLANDIA

Quebrantahuesos

Pielinen

Oulijarvi

Madera

Minería

Kuopio

Keitele

Mikkeli

Saimaa

Tejidos

Tampere

Päijänne

Orives

Industria

HELSINKI

Golfo de Finlandia

Vantaa

Espoo

Piquituerto

Vaasa (Vasa)

Murciélago de orejas largas

Turku (Åbo)

Skiftet Kihti

Åland

Ålands hav

Finlandia

Golfo de Botnia

Umea

Ciervo rojo

Alce

Sundsvall

Pesca

Gavle

Uppsala

Mälaren

ESTOCOLMO

Arenque

Suecia

S U E C I A

Angermanalven

Ostersund

Producción de papel

Pinedas

Storjon

Ljusnan

Dalalven

Urogallo

Vasteras

Minas de hierro

Orebro

Industria

Klaralven

Electrónica

Norrkoping

Industria

Linkoping

Jonkoping

Industria

Polecat

Vattern

Coches Saab

Gothenburg

Industria

Kalmar

Gotland

Oland

M a r   B á l t i c o

Bornholm

Helsingborg

Malmo

DINAMARCA

Industria

Los famosos fiordos

La costa de Noruega es conocida por sus fiordos. Durante la antigua Edad de Hielo, los glaciares producían depresiones enormes en la tierra. Cuando el hielo se derretía y crecía el nivel del mar, dichos huecos se llenaban de agua.

NORUEGA

Torre de perforación

Trondheimsfjorden

Smola

Hitra

Froya

Averoya

Industria

Trondheim

Dovrefjell

Esquí

Glomma

Gliptertind 2452m

Galdhoppiggen 2479m

Jotunheimen

Lagen

Lillehammer

Mjosa

Hidroelectricidad

Alesund

Cataratas

Jostedalsbreen

Iglesia Stave

Sognefjorden

Bergen

Industria

Hardangervidda

Ganado

OSLO

Industria

Setesdal

Arendal

Stavanger

Minería

Kristiansand

Industria

Bohusfjorden

Arenque

M a r   d e l   N o r t e

Skagerrak

Cerdos

DINAMARCA

Kattegat

Alborg

Aarhus

Jutland

Lego

Esbjerg

Odense

Fyn

COPENHAGUE

Zealand

Store Bælt

Industria

Falster

Lolland

400 km

200 millas

200

100

0

Las Islas Británicas

Las Islas Británicas se componen de dos islas grandes y muchas pequeñas que se extienden alrededor de la costa noroeste de Europa, se encuentran rodeadas por el Océano Atlántico. Las dos islas más grandes son Gran Bretaña e Irlanda. Gran Bretaña está formada por Inglaterra, Escocia y Gales, que – junto con el norte de Irlanda – componen el Reino Unido. El resto de Irlanda, forma la República de Irlanda, y es un país independiente.

Las Islas Británicas gozan de un clima agradable influenciado por la cálida Corriente del Golfo. Se trata de una corriente oceánica que arrastra agua cálida desde el estrecho de Florida a través del Atlántico hacia el oeste de Europa, ayudando a mantener la zona cálida. Los vientos suelen ser húmedos y en invierno acompañados de nieve. Los veranos generalmente son templados, aunque los vientos del sureste los hacen lluviosos.

La mayor parte de las islas se dedican al cultivo. Pero casi un 90% de la población vive en ciudades o pueblos grandes. En el siglo XIX, se construyeron muchas fábricas y surgieron las grandes ciudades apoyando la expansión industrial. Hoy en día, la gente trabaja más en el sector servicios.

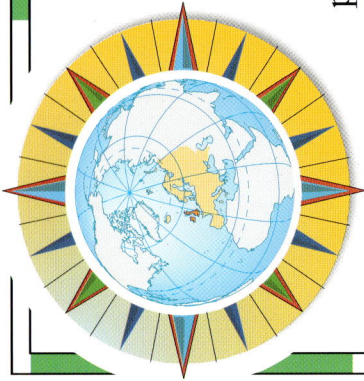

Horizonte de Londres
La cúpula de la Catedral de San Pablo se alza sobre los edificios que la rodean. La construyó Sir Christopher Wren en 1672 y se trata de una de las más bellas del mundo.

Torre de perforación

Lerwick

Isla Fair

Tierra firme

Islas Shetland

Foca gris

Gaviotas

Bacalao

Pesca

Kirkwall

Isles Orkney

Tierra firme

Hoy

Wick

Aberdeen

Ciervo rojo

Don

Dee

Ben Macdhui 1309m

Spey

Inverness

Lago Ness

Ovejas

Esquí

Ben Nevis 1343m

Fort William

Oban

Mull

Jura

Colonsay

Islay

Tiree

Coll

Muco

Rhum

Canna

Eigg

Skye

Pequeño Minch

Harris

Uist Sur

Barra

Uist norte

Lewis

Saint Kilda

Cabo Wrath

Frailecillo

Minch

Hébridas interiores

Tierras altas del Noroeste

Montañas Grampian

ESCOCIA

Dundee

Perth

Castillo de Edimburgo

Puente de Forth

Lago Lomond

Glasgow

Firth of Moray

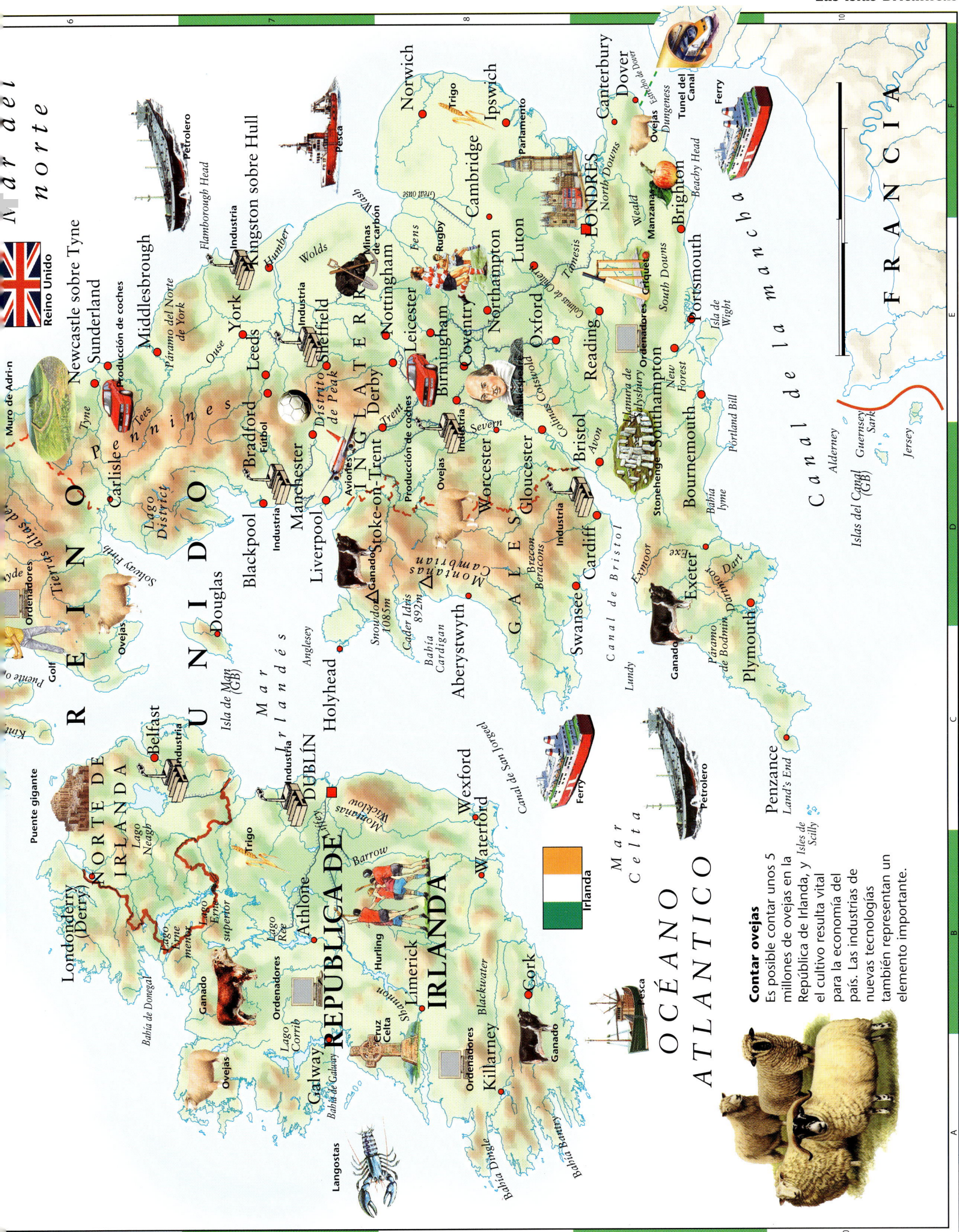

M a r d e l n o r t e

Reino Unido

Muro de Adrián

OCÉANO ATLÁNTICO

FRANCIA

R E I N O   U N I D O

I N G L A T E R R A

G A L E S

NORTE DE IRLANDA

REPÚBLICA DE IRLANDA

Mar Irlandés

Mar Celta

Canal de la mancha

Canal de Bristol

Canal de San Jorge

P e n n i n e s

Montañas Cambrian

Montañas Wicklow

Petrolero
Pesca
Industria
Kingston sobre Hull
Flamborough Head
Humber
Wolds
Ouse
York
Leeds
Bradford
Fútbol
Blackpool
Industria
Manchester
Liverpool
Sheffield
Industria
Distrito de Peak
Derby
Stoke-on-Trent
Producción de coches
Industria
Aviones
Trent
Severn
Ovejas
Worcester
Industria
Gloucester
Cardiff
Swansea
Aberystwyth
Holyhead
Anglesey
Bahía Cardigan
Cader Idris 892m
Snowdon 1085m
Brecon Beacons
Avon
Bristol
Ovejas
Industria

Newcastle sobre Tyne
Sunderland
Producción de coches
Middlesbrough
Páramo del Norte de York
Tyne
Tees
Carlisle
Lago District
Solway Firth
Douglas
Isla de Man (GB)
Ovejas
Golf
Tierras altas
Clyde
Kim...
Puente o...
Ordenadores

Norwich
Trigo
Ipswich
Cambridge
Parlamento
Luton
Rugby
Fens
Great Ouse
Nottingham
Leicester
Birmingham
Coventry
Northampton
Oxford
Colinas de Chiltern
Colinas Cotswold
Reading
Támesis
LONDRES
North Downs
Ovejas
Weald
Manzanas
South Downs
Ordenadores
Criquet
Canterbury
Dover
Estrecho de Dover
Dungeness
Túnel del Canal
Ferry
Beachy Head
Brighton
Portsmouth
Isla de Wight
Southampton
Llanura de Salisbury
Stonehenge
New Forest
Bournemouth
Bahía Iyme
Portland Bill
Exe
Exmoor
Exeter
Dart
Dartmoor
Páramo de Bodmin
Ganado
Plymouth
Lundy
Penzance
Land's End
Isles de Scilly
Petrolero
Ferry

FRANCIA
Islas del Canal (GB)
Alderney
Guernsey (GB)
Sark
Jersey

Belfast
Industria
Lago Neagh
Londonderry (Derry)
Puente gigante
Bahía de Donegal
Lago Erne inferior
Lago Erne superior
Trigo
Industria
DUBLÍN
Ordenadores
Athlone
Lago Ree
Lago Corrib
Galway
Bahía de Galway
Ovejas
Barrow
Shannon
Limerick
Hurling
Cruz Celta
Ordenadores
Killarney
Bahía Dingle
Bahía Bantry
Langostas
Ganado
Cork
Blackwater
Waterford
Wexford
Ganado
Pesca

Irlanda

Contar ovejas
Es posible contar unos 5 millones de ovejas en la República de Irlanda, y el cultivo resulta vital para la economía del país. Las industrias de nuevas tecnologías también representan un elemento importante.

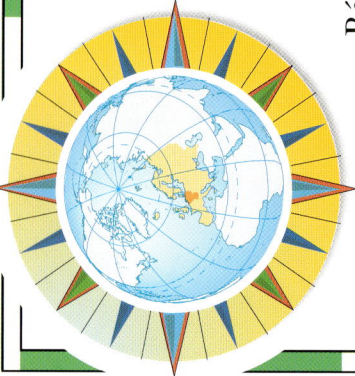

Alemania y los Países Bajos

Bélgica, Holanda y Luxemburgo son países pequeños donde la tierra es prácticamente llana. Por este motivo, también son conocidos como Países Bajos. Aproximadamente un 40% de la tierra de Holanda se ha arrebatado al mar. Para retirar el agua, se han construido diques o murallas en el mar. Esta tierra se ha convertido en un terreno excelente para el cultivo lo que ha popularizado Holanda como un país destacado por sus productos agrícolas, especialmente los productos lácteos y las flores. Bélgica, que también es principalmente llana, también depende de los diques para contener el mar. Gran parte del diminuto Luxemburgo se trata de mesetas en las que encontramos una tierra de cultivo fértil.

Alemania es un país grande – el cuarto más grande de Europa. La zona central se compone de tierras altas y mesetas. El Bosque de Bohemia se encuentra más hacia el sur. Y aún más al sur se alzan los Alpes Bávaros, que lindan con Austria. La Selva Negra, al suroeste del país, es popular entre los turistas.

Los cuatro países son prósperos y sus habitantes disfrutan de un nivel de vida elevado. En la capital de Bélgica, Bruselas, se encuentran las oficinas centrales de la Unión Europea. Alemania estuvo dividida en dos, Alemania del Este y Alemania occidental, durante 45 años antes de que se convirtiera en un único país de nuevo en 1990. Actualmente es el país más industrializado de Europa.

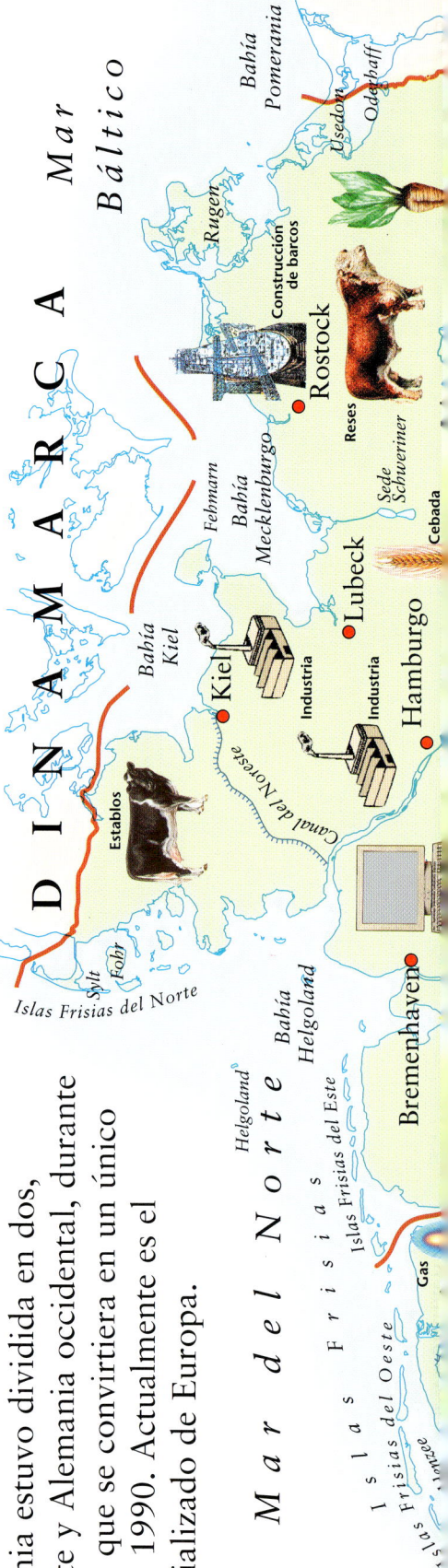

Viviendo en el frío

El clima en las zonas más elevadas del Bosque Negro, en Alemania, es crudo y frío en invierno, pero los valles son suaves y disponen de buenas tierras de pastos. Los deportes de invierno son populares en esta zona. Las construcciones, casas con techos de piedra inclinados para que la nieve resbale, resultan muy características.

HECHOS Y CIFRAS

Ciudades más grandes
Berlín 4.064.000
Ámsterdam 1.121.000
Bruselas 1.076.000

Montaña más alta
Zugspitze 2.963m

Río más largo
Danubio 2.858km

DINAMARCA

Mar Báltico

Bahía Pomerania

Usedom
Odebaff

Rugen

Construcción de barcos

Rostock

Reses

Sede Schweriner

Febmarn

Bahía Mecklenburgo

Cebada

Bahía Kiel

Lubeck

Kiel

Industria

Industria

Hamburgo

Establos

Canal del Noreste

Sylt
Fobr

Islas Frisias del Norte

Bahía Helgoland

Helgoland

Islas Frisias del Este

Islas Frisias del Este

Mar del Norte

Islas Frisias del Oeste

Gas

Bremenhaven

Ammzee

POLONIA

BERLIN

Potsdam

Isla de los Museos

Minas a cielo abierto

Electrónica

Dresde

Patatas

Oder

Neisse

Spree

Chemnitz

Manufactura de instrumentos científicos

Erzebirge

REPÚBLICA CHECA

Passau

AUSTRIA

Alemania

Chiemsee

Danubio

Watzmann 2713m

Habel

Magdeburgo

Ayuntamiento de Leipzig

Industria

Leipzig

Gera

Elba

Saale

Halle

Ardilla roja

Erfurt

Selva de Turingia

Frankenwald

Bosque de Bohemia

Trigo

Lúpulo

Isar

Manufactura de herramientas eléctricas

Manufactura de equipos eléctricos

Munich

Plantación de tubérculos

Salchichas

Barcazas

Bremen Natural de Luneburgo

Hannover

Tren de alta velocidad

Gottingen

Harz

Kassel

Weser

Werra

Rhön

Fulda

Lirón de jardín

Industria

Canal Principal de Donau

Main

Wurzburg

Nuremberg

Fränkische Alb

Catedral de Ulm

Augsburgo

Alpes Bávaros

Neuschweinstein

Zugspitze 2963m

Madelegabel 2645m

Aller

Weser

Oldemburgo

Pico Picapinos

Canal de Mittelland

Osnarbruck

Munster

Lippe

Dortmund

Jabalí

Wuppertal

Producción de coches

Producción de coches Mercedes Benz

Festival

Frankfurt am Main

Darmstadt

Mannheim

Heidelberg

Stuttgart

Búho

Ulm

Schwäbische Alb

Meseta de Alb

Lago Constanza

Danubio

SUIZA

Ems

Cerveza

Enschede

Minas de carbón

Essen

Dusseldorf

Colonia

Bonn

Beethoven

Koblenz

Mosel

Wiesbaden

Mainz

Rhin

Cemento

Saarbrucken

Karlsruhe

Bosque

Neckar

Selva Negra

Uvas

Freiburgo

HOLANDA

Molino de viento

Ijsselmeer

Zwolle

Establos

Apeldoorn

Amersfoort

Arnhem

Utrecht

Manufactura de material eléctrico

Maas

Nijmegen

Waal

Dordrecht

Rotterdam

Producción de material de acero

Krefeld

Monchen-Gladbach

Eindhoven

Tilburg

Breda

Enschede

Rin

Aachen

Lieja

Bosque

Eifel

Industria

Ardenas

LUXEMBURGO

Trier

Mosel

Hunsruck

Industria química

FRANCIA

A L E M A N I A

Luxemburgo

Flores

Haarlem

AMSTERDAM

LA HAYA

Leiden

Utrecht

Holanda

Barcos de carga

Oosterschelde

Westerschelde

Zeebrugge

Ostende

Brujas

Ghent

Chocolates

Antwerp

Maastricht

Industria

BRUSELAS

BÉLGICA

Namur

Charleroi

Sambre

Mosa

Ganado

LUXEMBURGO

Bélgica

35

Francia

Francia es el país más grande del oeste de Europa. La tierra cambia enormemente a lo largo del país. Al noroeste las montañas de Vosges forman una frontera natural con Alemania, mientras que los Alpes separan Francia de Italia. La frontera del suroeste con España, la forman los Pirineos, y hacia el oeste se encuentra el océano Atlántico. En el centro de Francia se alzan unas tierras altas y accidentadas. Córcega, la cuarta isla más grande del Mediterráneo, pertenece a Francia.

El clima varía en una zona tan amplia, lo que significa que pueden cosecharse muchos tipos de cultivos, trigo, maíz, melocotones y uvas, a partir de las cuales se producen algunos de los vinos más preciados del mundo. La comida francesa también es conocida por su alta calidad.

El turismo juega un papel importante. Cada año, miles de personas disfrutan de sus vacaciones en la costa cálida mediterránea o en las regiones montañosas y nevadas donde se practica el esquí.

La diminuta nación de Mónaco, hacia la costa sur cerca de la frontera italiana, es el segundo país más pequeño del mundo.

HECHOS Y CIFRAS

Ciudades más grandes
París 9.645.000
Marsella 1.350.000
Lyon 1.349.000

Río más largo
Loire 1.020km

Montaña más alta
Mont Blanc 4.810m Es la segunda montaña más alta de Europa.

Número de turistas
75 millones de visitantes al año

Viajes a toda velocidad
El TGV puede viajar a 300km/h. TGV es la abreviatura de train à grande vitesse, lo que significa "tren de alta velocidad".

REINO UNIDO

Canal de la Manc[a]

Ferry

Isla Alderney
Cabo de la Hague
Islas del Canal (GB
Isla Gernsey
Isla Jersey

Le Havre

Caen

Industria

Turismo

Golfo de San Malo

Frutas y verduras

Minas de hierro

Isla de Ouessant

Brest

Cabo de Raz

Quimper

Monumentos de piedra en Carnac

Rennes

Le Mans

Lorient

Ordenadores

Castillo Saumur

Cabo de Penmarch

Angers

Isla Bella

Loire

St-Nazaire

Nantes

Isla de Noirmoutier

Producción de vino

F

Poitiers

OCÉANO ATLÁNTICO

Isla de Ré

La Rochelle

Isla de Oleron

Golfo de Vizcaya

Charente

Angulema

Deportes acuáticos

Gironde

Industria

Isle

Cabo Ferret

Burdeos

Garona

Melocotones

Francia

Turismo

Adour

Golfo de Vizcaya

Gas

Bayona

Pau

Lourdes

P i r i n[e]

Vignemal 3298m

ESPAÑ[A]

ALEMANIA

BÉLGICA

Dunkerque
Calais
Boulogne-sur-Mer

Túnel del Canal

Lille
Lens
Arras

Industria

Estrecho de Dover

Somme

Dieppe
Amiens
Oise

Minas de hierro

LUXEMBURGO

Rouen

Thionville
Metz

Minas de carbón

Producción de vino

Sena

Torre Eiffel

Reims

Uvas

Nancy
Estrasburgo
Rhin

Buenos vinos

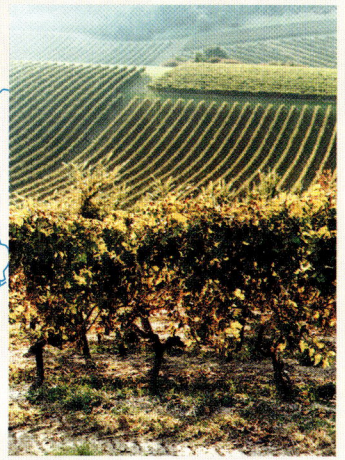

Los viñedos se extienden por gran parte de Francia, para convertir las uvas que producen en vinos y licores.

PARÍS
Versalles
Coches

Catedral de Chartres

Chartres

Sena

Yonne

Troyes

Marne

Moselle

Mulhouse

V o s g e s

Trigo

Trigo

Orleans

Alondra

Jabalí

Producción de vino

Dijon

Besançon

Producción de vino

AUSTRIA

LIECHTENSTEIN

SUIZA

Tours
Cher

Bourges

M o r v a n

Loire

R   A   N   C   I   A

J u r a

Creuse

Tour de Francia

Lago Génova

Vienne

TGV

Clermont-Ferrand
Limoges

Puy de Sancy 1885m

Saint Etienne

Pinturas rupestres de Lascaux

M a c i z o

c e n t r a l

Lyon

Industria

Minas de carbón

Annecy

Chamonix
Mont Blanc 4810m

A l p e s

ITALIA

Isere

Valence

Les Ecrims 4102m

Grenoble

Esquí

Dordogne

Producción de vino

Girasoles

Lot

Gamuza

Cevennes

Rhone

Mónaco

Tarn

Aviones

Oranges

Aviñón

Perfumes

Durance

Alpes marítim

MÓNACO
MÓNACO

Toulouse

Maíz

Nimes

Aix-En-Provence

Niza

Camargue

Oso pardo

Canal de Midi

Montpellier

Cannes

Carcasona

Marsella

Industria

Olivas

Flamencos

Toulon

Islas Costa azul de Hyeres

Turismo

Esquí

Producción de vino

Perpiñán

Golfo de León

Mar Mediterráneo

ANDORRA

e   o   s

España y Portugal

Los países de España, Portugal y Andorra forman la Península Ibérica, una masa de tierra que sobresale en el sur de Europa. Posee un paisaje variado, con montañas denominadas sierras y una meseta central muy amplia. Las tierras del norte y del oeste presentan regiones fértiles para el cultivo y se benefician de las lluvias Atlánticas. Madrid, en el corazón de España, caluroso en verano y con inviernos crudos. Es la capital de España y se trata de una ciudad llena de vida.

En la costa Mediterránea, el clima es más caluroso, convirtiendo esa región en un lugar popular entre los turistas. El clima por las costas de Portugal es más fresco, con veranos cálidos e inviernos más suaves.

Andorra es un pequeño país situado en los Pirineos, sus inviernos son duros, con mucha nieve, pero los veranos son secos y soleados. Gibraltar es una colonia Británica muy pequeña unida a España por una tira de tierra estrecha de sólo 3km de longitud.

Hechos y cifras

Ciudades más grandes
Madrid 5.087.000
Barcelona 3.300.000
Lisboa 2.900.000

Río más largo
Tajo 1.007km

Montaña más alta
Mulhacén 3.478m

Capital más alta
Andorra la Vella es la capital más elevada de Europa.

Map labels

Mar Cantáb...
Gijón
Cos...
A Coruña
Ferrol
Betanzos
Oviedo
Pola de Sier...
Santiago de Compostela
Lugo
Mieres
Oso pardo
Cordillera Cantábrica
Patatas
Monforte
León
Pontevedra
Ponferrada
Minería
Miño
Trigo
Vigo
Orense
Benavente
Pale...
Embalse de Ricobayo
La Guardia
Ponte da Barca
Chaves
Bragança
Valladolid
Viana do Castelo
Braga
Minería
Zamora
Producción de vino
Vila Real
Medina del Campo
Vila do Conde
Duero
Embalse de Almendra
Pesca
Porto
Lamego
Salamanca
Ovar
Viseu
Patatas
Ávila
Aveiro
Guarda
Ciudad-Rodrigo
Uvas
Sierra da Estela
Coimbra
Covilha
S... s...
Portugal
Plasencia
PORTUGAL
E   S
Leiria
Castelo Branco
Tajo
Embalse de Valdecaña
Caldas de Rainha
Tomar
Abrantes
Embalse de Alcántara
Cáceres
Embalse de Cijara
Peniche
Santarén
Cáceres
Torres Vedras
Portalegre
Tagus
Coruche
Industria
LISBOA
Árboles de corcho
Badajoz
Mérida
Oeiras
Barreiro
Vendas Novas
Ovejas
Setúbal
Zafra
Cabo Espichel
Reserva de Alqueva
Mezqui... de Córdob...
Azuaga
Alentejo
Moura
Sierra Morena
Córdoba
Beja
Guadiana
Sardinas
Guadalquivir
Lince ibérico
Algarve
Cítricos
Sevilla
Turismo
Tavira
Huelva
Sagres
Lagos
Cabo de San Vicente
Faro
Golfo de Cádiz
Jerez de la Frontera
Producción de vino
Macaco de Berbería
S... s...
Pesca
El Puerto de Santa María
Marbella
Atún
Cádiz
Gibraltar (GB)
La Línea
OCÉANO ATLÁNTICO
Estrecho de Gibraltar
Ceuta (España...)

FRANCIA

Golfo de Vizcaya

Pesca

Santander

relavega

Bilbao

Donostia-San Sebastián

Irún

Pirineos

Esquí

Andorra

ANDORRA

Golfo de León

Vitoria-Gasteiz

Pamplona

Aneto 3.404m △

Llívia (España)

0   100   200 km
0   50   100 millas

rno

Burgos

Jaca

ANDORRA LA VELLA

Figueres

Roses

Ripoll

Jabalíes

Ovejas

Gamuza

Huesca

Cabra montesa

Segre

Producción de coches

Girona

Tejidos

Soria

Sistema Ibérico

Zaragoza

Lleida

Olivas

Badalona

Barcelona

Duero

Ebro

Uvas

Embalse de Mequinenza

Reus

Sagrada familia

Tarragona

Manzanares El Real

govia

ma Central

Tortosa

Amposta

Guadalajara

Alcobendas

Toros

Vinaroz

Turismo

Ciudadela de Menorca

MADRID

Getafe

Cuenca

Teruel

Castellón de la Plana

Mahón

Menorca

Islas Baleares

ustria

Aranjuez

Cítricos

Sagunto

Palma de Mallorca

P   A   Ñ   A

Toledo

Utiel

Almendras

Torrente

Valencia

Andratx

Mallorca

Uvas

Villarrobledo

La Roda

Júcar

Alzira

Golfo de Valencia

Turismo

Cabrera

Manzanares

Valdepeñas

Albacete

Gandía

Denia

Cabo de la Nao

Ibiza

Pesca

dad Real

Guadiana

Alcoy

Turismo

Benidorm

Ibiza

lano

Hellín

Elda

Alicante

Formentera

Linares

Elche

Mar Mediterráneo

Palacio de la Alhambra

Jaén

Segura

Orihuela

Murcia

Torrevieja

Huéscar

Huéscar

Cabo de Palos

Lorca

Cartagena

ma Bética

Granada

Baza

Huércal-Overa

Aguilas

Sierra Nevada

Mulhacén 3478m

Almería

Cabo de Gata

Vela

ESPAÑA

Málaga

Turismo

emolinos

ngirola

Costa del Sol

Pesca

ARGELIA

Pesca

Portugal dispone de una larga costa atlántica. Muchos portugueses se ganan la vida gracias a la pesca de sardinas, bacalao, merluza y mero.

ESLOVAQUIA

Teatro Burg
Hidroelectricidad
Danubio

VIENA

Linz
Salzburgo
Attersee
Salzach
Esqui

AUSTRIA

Producción de cristal
Establos
Mur
Raab
Graz
Niedere Tauern
Enns
Mozart

HUNGRÍA

Maribor
Drava

Eslovenia

CROACIA

BOSNIA Y HERZEGOVINA

LJUBLIANA
ESLOVENIA
Sava
Alpes Julian
Aluminio
Patatas
Trieste
Golfo de Venecia

San Marino

Mar Adriático

Lago Varano
Lago Lesina
Golfo de Manfredonia
Península Gargano
Foggia

ALEMANIA

Austria

Liechtenstein

Suiza

Grossglockner 3797m
Marmolada 3.342m
Dolomitas

Insbruck
Zugspitze 2963 m
Alpes Bávaros
Edelweiss
Wildspitze 3774 m
Ortles 3905m
Alpes Otztaler
Marmota
Piz Bernina 4049m

Maíz
Trento
Industria

Catedral de San Marcos
Venecia
Vicenza
Adige
Ferrara
Reno

Rimini
Turismo
Ancona
Pescara

Corno Grande 2912m

ITALIA

Pasta

Vino

Ravena
Tomates
Módena
Bolonia
Padua
Verona
Lago Garda
Brescia
Bergamo
Lago Como

Producción de coches Ferrari
Po

SAN MARINO
SAN MARINO
Florencia
Catedral de Florencia
Arno

Terni
Coliseo
Perugia
Lago Trasimeno
Siena
Lago Bolsena

ROMA
CIUDAD DEL VATICANO

Ciudad del Vaticano

El Palio
Tiber
Olivas

FRANCIA

Lago Constanza
Nueces y grillos
St. Gallen
Winterthur
Zurich
Zurichsee
Lucerne
Rhin

VADUZ
LIECHTENSTEIN
Glarner Alpen
Inn
Alpes Lepontinos
Lago Major
Lago Lugano

Monza
Milán
Fútbol
Novara

Moda
Parma

Torre inclinada de Pisa
Pisa
Livorno
Elba

SUIZA

BERNA
Spietz
Interlaken
Finsteraarhorn 4274 m
Alpe Bernese
Ródano
Lago Neuchatel
Lausane
Lago Leman
Génova

Basel
Industria
Chocolate
Producción de relojes
Rhin

Mont Blanc 4810 m
Monte Cervino
Alpes Peninos
Dufourspitze 4643m
Gran Paradiso 4061

Producción de coches
Turín
Po
Trigo

Uvas

Genova
Golfo de Génova

Mar Ligurio

Córcega (Francia)

MÓNACO

FRANCIA

Los Estados Alpinos e Italia

Los estados Alpinos – Suiza, Austria y Eslovenia – toman su nombre de la sierra de los Alpes. Estos picos escarpados aparecen cubiertos de nieve casi todo el año. Los deportes de invierno son de gran importancia en esta zona.

Los Alpes forman la frontera septentrional de Italia y desde ellos se divisa la parte más fértil y densamente poblada del país – los llanos del norte. Otra cadena de montañas – los Apeninos – hacen de espina dorsal que desciende por el centro del país. Italia también presenta una serie de volcanes, desde el Vesubio, cerca de Nápoles, hasta el Etna en la isla de Sicilia. Tanto Sicilia como Cerdeña pertenecen a Italia. Más hacia el sur se encuentran las islas que componen la República de Malta.

Dentro de Italia se localizan dos países independientes: San Marino, al este de los Apeninos, y el estado de la Ciudad del Vaticano, que es la nación independiente más pequeña del mundo y se encuentra dentro de Roma.

Montañas altas

Las Dolomitas son montañas que se alzan al norte de Italia y forman parte de los Alpes. La nieve cubre sus cimas durante casi todo el año y en ellas se encuentran muchos glaciares.

Italia

Ferry

Turismo

Pizza

Uvas

Cítricos

Olivas

Naranjas

Pesca

Malta

MALTA

LA VALLETTA

Puercoespines

Mar Jónico

Mar Tirreno

Mar Mediterráneo

Canal de Malta

Estrecho de Sicilia

Taranto

Golfo de Tarento

Cabo de Santa María de Leuca

Cabo Colonne

Golfo de Squillace

Reggio di Calabria

Cabo Spartivento

Messina

Estrecho de Mesina

Catania

Siracusa

Cabo Passero

Monte Etna 3350m

Sicilia

Volcán Stromboli

Stromboli

Islas Eolie

Isla D'Ustica

Palermo

Marsala

Cabo San Vito

Isla Pantelleria

Isla Linosa

Islas Pelagias

Lampedusa

Gozo

Basento

Apeninos Lucanos

Vesubio 1279 m

Salerno

Golfo de Salerno

Capri

Nápoles

Ischia

Golfo de Gaeta

Islas de Ponza

Cerdeña

Punta la Marmora 1834 m

Tirso

Cagliari

Cabo Carbonara

Cabo Spartivento

San Antioco

Sassari

Olivas

Uvas

Europa central y del Este

Mar Báltico

Hiiumaa

Saaremaa

La Europa Central y del Este es una región de fríos inviernos y veranos cálidos. En algunos lugares, como en Letonia, las temperaturas invernales descienden tanto que la superficie de los mares se congela. Más hacia el interior también son comunes los inviernos extremadamente fríos.

Durante los años 80 y 90, muchos de los países de esta zona sufrieron grandes cambios políticos. Checoslovaquia se dividió en dos países – la República Checa y Eslovaquia. Algunas naciones que previamente pertenecían a la Unión Soviética también se separaron para convertirse en países independientes. Se trata de los estados Bálticos (Estonia, Lituania y Letonia), Bielorrusia, Ucrania y Moldavia.

Polonia comparte fronteras con siete países, y aún así posee costa. Gdansk, al norte, es una zona muy importante en la producción de barcos. La República Checa es un país pequeño, montañoso y sin costa situado en el centro de Europa.

Ucrania es el segundo país más grande de Europa. Allí se producen grandes cantidades de trigo – se conocía este país como la "Panera de la Unión Soviética". Hungría presenta llanuras y colinas onduladas. Estonia se describe como una tierra de llanuras y lagos que además posee más de 800 islas.

Pesca

Ordenadores

Construcción de barcos

Federación Rusa

Klaipeda

LITU

Courland Lagoon

Néme

Polonia

Kaliningrado

FEDERACIÓN RUSA

Golfo de Gdansk

Bahía Pomerania

Gdansk

Águila de cola blanc

Szczecin

Llanur

Vístula

Narew

Oder

P O L O N I A

Warta

Remolacha azucarera

Bug

Cebada

ALEMANIA

Poznan

Minas de carbón

VARSOVIA

Prosna

Industria

Lobos

Lodz

Cigüeña blanca

Warta

Wrocaw

Sudeten

Oder

Bisonte europeo

Snezka 1602m

Walbrzych

Patatas

Vístula

Elba

Producción de coches

Krakovia

Praga

Vltava

PRAGA

Coal mining

Minas de carbón

C á r p a

REPÚBLICA CHECA

Producción de cristal

Brno

Morava

Bosque de Bohemia

Montañas Tatra

Gerlachovsky Stit 2666m

Producción de acero

Uvas

Kosice

República Checa

Vah

ESLOVAQUIA

BRATISLAVA

Remolacha azucarera

AUSTRIA

Little Alfold

Ipel

Tisza

Eslovaquia

Raba

Industry

BUDAPEST

Gran

H U N G R Í A

ESLOVENIA

Producción de electrodomésticos

Balaton

Pecs

Trigo

Danubio

Vino

de Hungría

Hanura

Drava

TALLIN

Pigs

ESTONIA

Tartu

Establos

olfo Riga

RIGA

LETONIA

Lago Peipus

Estonia

Lago Pskow

Letonia

Lituania

Una ciudad preciosa
Praga, la capital de la República Checa, ha sido una ciudad bulliciosa durante 500 años. También ha representado un centro cultural, de aprendizaje y artístico.

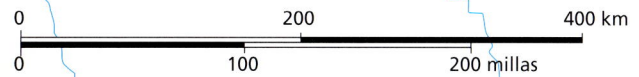

Daugavpils

Reses

Dvina Oeste

Iglesias de Vílna

Lino

Vitsyebsk

Industria Química

Kaunas

VILNA

Maquinaria

Remolacha azucarera

Cebada

Verduras

BIELORRUSIA

Huevos

Gallinas

MINSK

Berezina

Pripet

Cerdos

Brest

Homyel

Pantano de Pripet

Cultivo de trigo

Chernobil

Industria

Reserva de Kiev

KIEV

Catedral de Santa Sofía

L'vov

Petróleo

Tierras altas de Volyn-Podolian

Maíz

Chernivtsi

Girasoles

Dniester

MOLDAVIA

Hungría

Moldavia

Uvas

RUMANIA

Girasoles

Prut

Dnieper

Tierras bajas de Dnieper

Desna

Hamster común

Mustela de la Estepa

Reserva Kremenchuk

Cultivo de trigo

Bug del Sur

Bailarines cosacos

Tierras bajas del mar Negro

Reserva Kakhovka

CHISINAU

Odesa

Girasoles

0   200   400 km
0   100   200 millas

Bielorrusia

FEDERACIÓN
RUSA

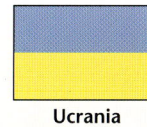

Ucrania

UCRANIA

Kharkiv

Donets

Producción de acero

Minas de titanio

Industria

Minas de carbón

Dnipropetrovsk

Doneck

Mariupol

Maíz

Golfo de taganrog

Mar de Azov

Kerch

Gas

Mar negro

Península Crimea

Sebastopol

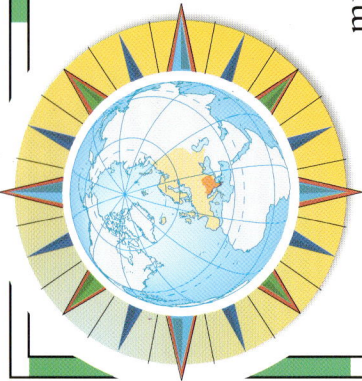

El sur de Europa

Gran parte del sur de Europa es montañoso. El clima se presenta muy variable – los inviernos normalmente son muy fríos, especialmente al norte, mientras que en el sur disfrutan de inviernos más suaves y veranos extremadamente calurosos y secos. Las costas del Adriático, el Mar Negro y el Mediterráneo, especialmente las islas del mar Egeo, son destinos populares entre los turistas. Bosnia y Herzegovina posee el territorio costero más pequeño de la región – sólo 20km de costa adriática.

Durante los años 90, los pueblos de Yugoslavia lucharon de forma violenta y dividieron el país en cinco nuevos países – Bosnia y Herzegovina, Croacia, Eslovenia, Serbia y Montenegro y Macedonia. Hoy en día, estos países han empezado a reconstruir sociedades estables.

Grecia es un país accidentado con muchas islas. También es una de las civilizaciones más antiguas de Europa. Las culturas antiguas prosperaron en esa zona donde aun quedan ruinas maravillosas.

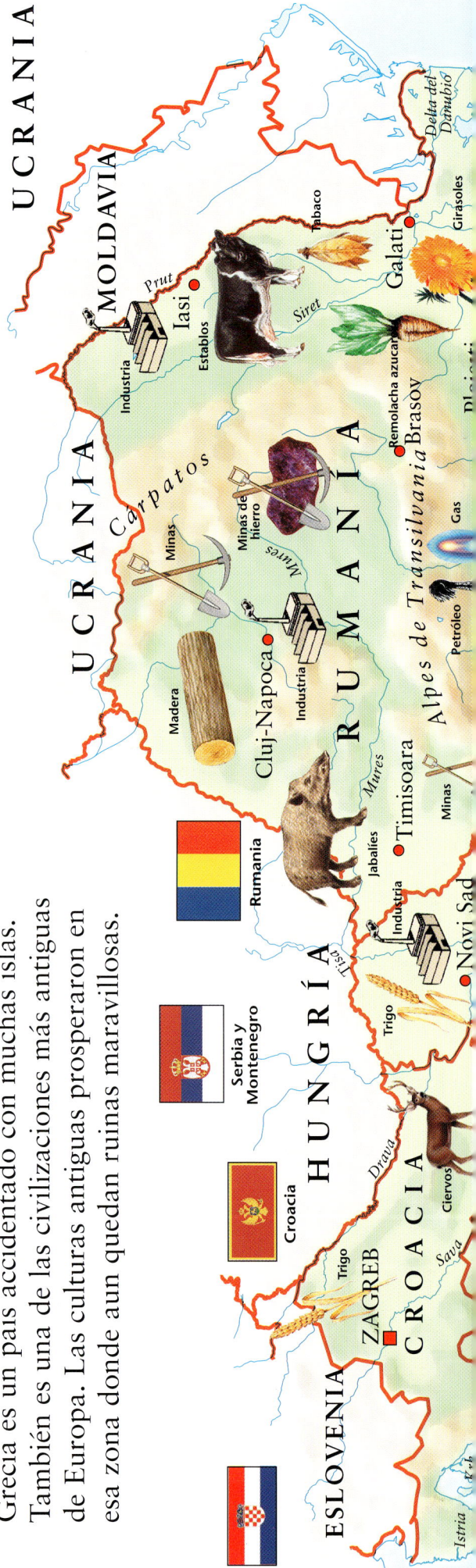

Recolección de rosas

La agricultura es un factor muy importante al sureste de Europa donde mucha gente se gana la vida gracias a la tierra. En la imagen aparecen dos mujeres jóvenes trabajando duro en las plantaciones de rosas de una granja de Bulgaria.

Mapa

UCRANIA

MOLDAVIA
Iasi
Prut
Siret
Industria
Establos
Tabaco
Galati
Girasoles
Delta del Danubio

UCRANIA

Carpatos
Minas
Madera
Cluj-Napoca
Industria
Minas de hierro
Mures
Remolacha azucarera
Brasov
Alpes de Transilvania
Petróleo
Gas

RUMANÍA
Rumania
Timisoara
Jabalíes
Minas
Mures

Serbia y Montenegro
Novi Sad
Industria
Tisza
Trigo

HUNGRÍA

Croacia
Drava
Ciervos
Saya

ESLOVENIA

ZAGREB
CROACIA
Trigo
Istria

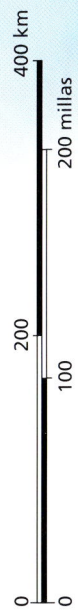

Bulgaria

Mar Negro

Constanta

Industria

Danubio

Producción de vino

Varna

Burgas

Rosas

Industria

Ruse

BUCAREST

Minas de carbón

Plovdiv

Maíz

Danubio

Craiova

Maíz

Trigo

△ Musala 2925

Montañas Rodope

Tabaco

Marítsa

BULGARIA

Evros

Tabaco dálmata

Pelícano

Zasos

Samotracia

Limnos

Mar de Mármara

TURQUÍA

SOFÍA

Balcanes

Iskur

Algodón

Chalkidiki

SALÓNICA

Industria

Psara

Skyros

Lesbos

Islas Espóradas del Norte

Mar Egeo

Ikaria

Samos

Jios

Megisti

Turismo

Pesca

Mar Mediterráneo

Karpathos

Kasos

Tilos

Rodas

Dodecaneso

Kalymnos

Kos

Amorgos

Naxos

Astros

Tinos

Mikonos

Islas Cicladas

Paros

Serifos

Sikinos

Ios

Milos

Santorim

Dolphin

Mar de Creta

Candia (Iraklion)

Creta

Ferry

Turismo

Pulpos

Kythira

Mar Mirtoon

Espárta

Lakonikos Kolpos

Tripoli

Olivas

Golfo de Mesina

Corinto

Golfo de Egina

Pireo

ATENAS

Industria

Canal de Corinto

Peloponeso

Patras

Industria

Grecia

Citricos

Zakynthos

Kyparissiakos Kolpos

Kefallinia

Islas Jónicas

Lefkasa

Paxos

Turismo

Corfú

Mar Jónico

Manzana

Estrecho de Otranto

Maíz

ALBANIA

TIRANA

Industria

Viose

Lago Ohrid

Lago Prespa

Lago schtari

Macedonia

Smólikas 2637m

Montes Pindo

Pineios

△ Olimpo 2917m

Cabras

Arroz

Axios

SKOPJE

MACEDONIA

Bitola

△ Korab 2753m

Prizren

Tabaco

Uvas

Euboa

Euros

Kifisos

Algodón

GRECIA

Albania

Pristina

Nis

BELGRADO

Producción de maquinaria para la agricultura

SERBIA Y MONTENEGRO

Danubio

Drina

BOSNIA Y HERZEGOVINA

Industria

SARAJEVO

Oso pardo

Verduras

Bosna

Móstar

Tabaco

Split

Dubrovnik

Alpes Dináricos

Korčula

Hvar

Brac

Vis

Mar Adrático

Fruta

Bosnia y Herzegovina

HECHOS Y CIFRAS

Ciudades más grandes
Atenas 3.193.000
Bucarest 1.922.000
Belgrado 1.295.000

Río más largo
Danubio 2.858km

Punto más alto
Musala 2.925m

400 km

200 millas

200

100

0

La Acrópolis
La Acrópolis se trata de una colina rocosa en el centro de la capital de Grecia, Atenas. En la Acrópolis se encuentran los restos de templos construidos por los griegos en la antigüedad. Las ruinas más famosas son las del Partenón.

EUROPA ASIA

Ceuta (España)
Melilla (España)
RABAT
ARGEL
TÚNEZ
TÚNEZ
TRÍPOLI

Madeira (Portugal)
MARRUECOS

Islas Canarias (España)

L'AAYOUNE
SAHARA OCCIDENTAL (ocupado por Marruecos)

ARGELIA

LIBIA

EGIPTO

CAIRO

MAURITANIA
NOUAKCHOTT

MALI

NÍGER

CHAD

KHARTOUM

ERITREA
ASMARA

Socotra (Yemen)

SENEGAL
DAKAR
BANJUL
GAMBIA
GUINEA-BISSAU
BISSAU
GUINEA
CONAKRY
FREETOWN
SIERRA LEONA
MONROVIA
LIBERIA

NIAMEY
BAMAKO
BURKINA
UAGADUGOU
GHANA
TOGO
BENIN
LOMÉ
ACCRA
YAMUSSUKRO
COSTA DE MARFIL

NIGERIA
ABUJA

NDJAMENA

SUDÁN

DJIBOUTI
DJIBOUTI
ADDIS ABEBA
ETIOPÍA

PORTO-NOVO
CAMERÚN
MALABO
GUINEA ECUATORIAL
YAUNDÉ
BANGUI
REPÚBLICA CENTRO AFRICANA

SOMALIA

MOGADISHU

SANTO TOMÁS
SANTO TOMÁS Y PRÍNCIPE
LIBREVILLE
GABÓN
CONGO
BRAZZAVILLE
KINSHASA
ANGOLA (CABINDA)

UGANDA
KAMPALA
RUANDA
KIGALI
BURUNDI
BUJUMBURA
KENIA
NAIROBI

SEYCHELLES

REPÚBLICA DEMOC. DEL COÑGO

DODOMA
TANZANIA

Isla Ascensión (Santa Helena)

LUANDA

ANGOLA

Santa Helena (GB)

Grupo Aldabra (Seychelles)

COMOROS
MORONI
Mayotte (Francia)

MALAWI
LILONGWE
MOZAMBIQUE
ZAMBIA
LUSAKA
HARARE
ZIMBABWE

MADAGASCAR
ANTANANARIVO
MAURICIO
Reunión (Francia)

NAMIBIA
WINDHOEK
BOTSWANA
GABORONE
PRETORIA
MAPUTO
MBABANE
SWAZILAND

LESOTHO
BLOEMFONTEIN
MASERU
SUD ÁFRICA
CIUDAD DEL CABO

0 1000 2000 km
0 500 1000 millas

46

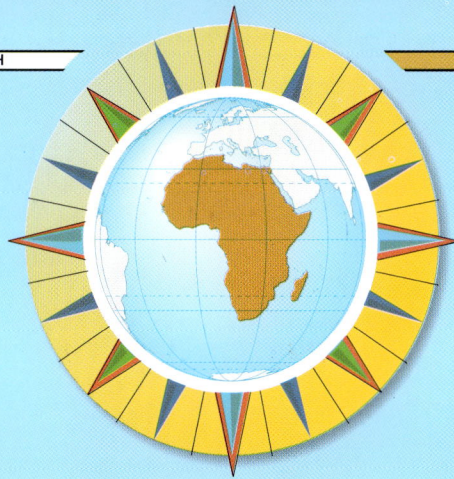

Reverdeciendo
Durante la estación de lluvias, crece una hierba exuberante en la reserva de Masai-mara, en Kenia, y los árboles cobran vida. Los animales, incluyendo wildebeests, gacelas, jirafas y leones, acuden para darse banquetes de comida fresca.

ÁFRICA

África es el segundo continente más grande, constituye aproximadamente un 20% de la masa de tierra del planeta.Está prácticamente rodeado de agua. Tan sólo un dedo estrecho de tierra en Suez, Egipto, conecta el continente con Asia. Cuando se ve desde el espacio, África da la impresión de estar dividida en tres grandes bandas. La zona del norte aparece cubierta principalmente por el Sahara – el desierto seco más grande del mundo. La banda central se extiende a través del Ecuador y se presenta cubierta de sabanas y selvas tropicales. Las sabanas, sirven de hogar para la mayoría de animales salvajes de África, incluyendo elefantes, rinocerontes, leones y leopardos. Más hacia el sur, la tierra vuelve a secarse. El Valle de la Gran Falla, una grieta en la corteza de la tierra, atraviesa el este de África. Su curso aparece marcado por montañas, cañones y lagos profundos, por ejemplo el lago Victoria. El Nilo, el río más largo del mundo, se encuentra en África.

Existen unas 50 naciones independientes en África. Éstas están habitadas por pueblos con diferentes culturas.

El alma de Egipto
El río Nilo nace al este de África y fluye por Egipto, hacia el mar Mediterráneo. Ha sido una ruta de transporte durante unos 5.000 años. Las barcas como la falúa de la imagen, aún navegan por sus aguas.

La vida en África
Viven muchos niños en África. La población crece rápidamente. En muchos lugares resulta difícil proporcionar escuelas para todos.

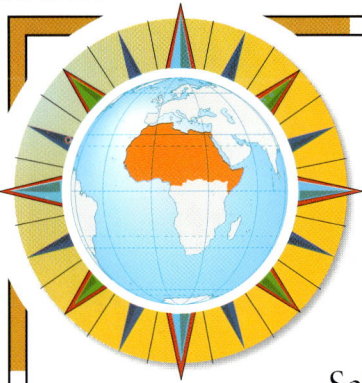

El Norte de África

Gran parte del norte de África lo configuran tierras secas, áridas y poco pobladas. El desierto del Sahara cubre una buena parte de la región. Las montañas Atlas limitan el desierto por el noroeste, donde los países – Argelia, Marruecos y Túnez - disfrutan de más lluvias y tierras fértiles en las costas mediterráneas. Al sur del Sahara, la tierra es seca, con precipitaciones impredecibles. Esta zona se denomina Sahel. Al este del Sahara se encuentra el fértil valle del Nilo. Muchos egipcios viven dentro de este valle y su capital, El Cairo, es una de las ciudades más pobladas.

Muchos de los países del oeste de África aparecen cubiertos de selvas tropicales donde habitan multitud de animales y crecen plantas de especies muy variadas. Esta región también es relativamente rica en recursos naturales y minerales y empieza a desarrollar industrias de transformación. Recientemente, las guerras civiles se han cobrado su precio y aún persisten en muchos países.

PORTUGAL   ESPAÑA

Estrecho de Gibraltar

Tánger   Orán

RABAT   Fez   Pieles curtidas

Marruecos   Casablanca

Madeira (Portugal)

MARRUECOS

Marrakech

Jebel Toubkal 4.167m △

Montes Atlas

Ganado

Islas Canarias (España)

Lanzarote

Santa Cruz   Las Palmas

Tenerife

Gran Canaria

Cebada

EL AAIUN

A R G E L I

SAHARA OCCIDENTAL (ocupado por Marruecos)

Gato del desiert

Argerlia

Minas de hierro

S   a   h   a

Dátiles

M A L I

Adrar des Ifogh

Azaouad

Minas de oro

Mauritania

NUAKCHOTT

MAURITANIA

Tombuctú

CABO VERDE   Buena Vista

Senegal

Baile sobre zancos

S   a

PRAIA

Santiago

DAKAR

Refinería

Níger   Algodón

NIAMEY

BANJUL

GAMBIA

SENEGAL

BAMAKO   BURKINA

UAGADUGU

Pesca

BISSAU

GUINEA-BISSAU

Minas de bauxita

Benin mask

Algodón

GUINEA

CONAKRY

Minas de diamantes

Piñas

Korbogo

GHANA

TOGO

BENIN

FREETOWN

SIERRA LEONA

COSTA DE MARFIL

Lago Volta

Ogomosho

YAMUSSUKRO

PORTO-NOVO

Kumasi   LOME

MONROVIA

Cacao

Lago

LIBERIA

Goma

Abidjan

ACCRA

Café

Bahía de Ben

Burkina   Mali

Ecuador

Cabo verde   Gambia   Senegal   Guinea-Bissau   Guinea

De compras
Artistas y comerciantes convierten los zocos (mercados) en una actividad interesante. La plaza Djamaa El Fna aparece en la imagen rebosante de vida.

Sierra-leona   Liberia   Costa de Marfl   Ghana

Togo   Benin   Nigeria   Camerún

ARGEL

TÚNEZ
Constantina
Sousse
MALTA
Sfax

Cerdeña (Italia)

ITALIA

GRECIA

TURQUÍA

Sicilia

Mar Jónico

Creta

CHIPRE

SIRIA

LÍBANO
ISRAEL
JORDANIA

Islas Baleares

Teatro El Jem

Mar mediterráneo

TÚNEZ

TRÍPOLI

Golfo de Sidra

Benghazi

Petrolero

Alejandría

Canal de Suez
Port Said
Suez

Refinería

Petróleo

Petróleo

Giza
EL CAIRO

Dromedario

Petróleo

Gas

Petróleo

Gran mar de Arena

Pirámides

Sinaí

Asyût

EGIPTO

Algodón

Gas

Asuán

LIBIA

Tassili-n-Ajjer

Zorro Fennec

Templos de Abu Simbel

Mar Rojo

Ahaggar
918m

Escorpión

Tibesti

Pastor

Lago nasser

Reclamado por Sudán

Reclamado por Egipto

Desierto de Nubia

Port Sudan

Desierto de Libia

Nilo

Meroe

Macizo del Aire
Tenere

Pueblo normando de Tuareg

SUDÁN

NÍGER

CHAD

Addax

Recolección de algodón

Omdurman

JARTUM

Darfur

Atbara

ERITREA

ASMARA

YEMEN

Cacahuetes

Kano
Zaria

Lago Chad

NJAMENA

El Obeid

Kordofan

Nilo azul
Nilo blanco

Ras Dashen 4620m

Gondar

Lago Tana

DJIBOUTI
DJIBOUTI

Golfo de Aden

Ovejas

Masduguri

Algodón

Mijo de carga

Petróleo

Hipopótamo

Tierras altas de Etiopía

ABUJA

Garoua

Oil

Macizo de bongo

Cacahuetes

Sudd

ADDIS ABEBA

Café

Cabras

Cuerno de África

NIGERIA

Chari

La Espiral del Progreso

Benue

Tierras altas de Adamawa

Petróleo

Cacao

Ubanii

REPÚBLICA CENTROAFRICANA

Algodón

Escarabajo pelotero

Minas de oro

ETIOPÍA

Jirafas

Ogaden

SOMALIA

Petróleo

YAOUNDÉ
CAMERÚN

BANGUI

Minas de diamantes

Gorilas

Valle del Gran canal

MOGADISCIO

Mogadishu

GUINEA ECUATORIAL

UGANDA

SANTO TOMÁS Y PRÍNCIPE

KENIA

GABÓN

CONGO

REPÚBLICA DEMOCRÁTICA DEL CONGO

Níger

Chad

República centroafricana

RUANDA

Chisimaio

Somalia

Ecuador

Plátanos

BURUNDI

Pesca

ANGOLA (CABINA)

TANZANIA

ANGOLA

HECHOS Y CIFRAS

Ciudades más grandes
El Cairo 11.568.000
Lagos 10.878.000

Río más largo
Nilo 6.670km. El Nilo es el río más largo del mundo.

Montaña más alta
Ras Dashen 4.620m

Lago más grande
El Lago Chad oscila entre los 10.000 y los 25.000 km^2 durante el año.

Túnez

Libia

Egipto

ARABIA SAUDITA

Sudán

Eritrea

Etiopía

Djibouti

500 km
1000 km
250
500 millas

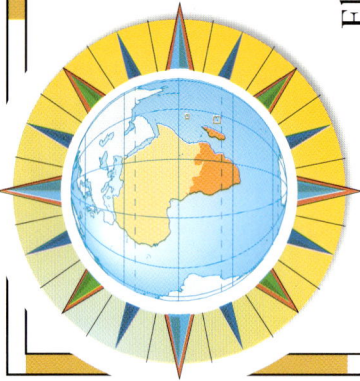

África central y Sudáfrica

El centro de África se presenta cubierto por tierras bajas con selvas tropicales, a pesar de que dichas selvas se están extinguiendo puesto que se talan sus árboles para exportarlos. Más hacia el este se extienden sabanas enormes con hierbas altas y árboles dispersos. Muchos de los animales salvajes populares en África viven en las sabanas.

Una sierra volcánica forma la frontera entre Uganda, Ruanda y la República Democrática del Congo. Más hacia el sur se encuentra una meseta elevada. Muchos de los ríos que la cruzan descienden en cascadas imponentes, como la de Victoria en la frontera entre Zambia y Zimbabwe. Estos ríos se embalsan para obtener electricidad. Namibia y Botswana son países secos con zonas desérticas – el Namib y el Kalahari. Sudáfrica es, con diferencia, el país más rico de África por sus minas de oro y diamantes.

Alta montaña
El Kilimanjaro es el monte más alto de África. Se compone de tres picos volcánicos independientes llamados Kibo, Mawesi y Shira. Su cima está cubierta de nieve todo el año.

SEYCHELLES
Isla Praslin · Isla Silueta · Isla Felicidad · Isla Mahé · VICTORIA · Isla Royal · Anse Royal · Turismo · Seychelles · OCÉANO ÍNDICO

SOMALIA
Kenia
Ruanda
Burundi
Ecuador
Leopardo
Sisal
Mombasa
Pemba

KENIA · Masais · Kirinyaga 5199m · NAIROBI · Mwanza · Kilimanjaro 5895m · Estepa Masai · Tanga · Llanura del Serengeti · Safaris

ETIOPÍA · Valle del gran Canal · Lago Turkana · Botella de kikuyu · Café · Algodón · Kisumu · Lago Victoria

SUDÁN · UGANDA · KAMPALA · Uganda · Café · KIGALI · RUANDA · BUJUMBURA · BURUNDI · Lago Albert · Lago Eduard · Lago Kivu · Bukavu · Danza Tutsi

Arwimi · Uele · Ubangi · Chimpancés · Lualaba · Lomani · Kisangani · Tshuapa · Lukeme · Kwilu

REPÚBLICA CENTROAFRICANA · Congo · República Democrática del Congo · Pesca · Café · Cuenca del Congo · Mbandaka · REPÚBLICA DEMOCRÁTICA DEL CONGO

CAMERÚN · Santo Tomé y Príncipe · STO. TOMÉ Y PRÍNCIPE · SANTO TOMÁS · MALABO · GUINEA ECUATORIAL · Guinea Ecuatorial · Bata · Bioko · LIBREVILLE · Port-Gentil · GABÓN · Cacao · Café · CONGO · Ouesso · BRAZZAVILLE · KINSHASA · Congo · Pigmeo Mbuti · Torre de perforación · Pointe-Noire · Príncipe · Santo Tomás

50

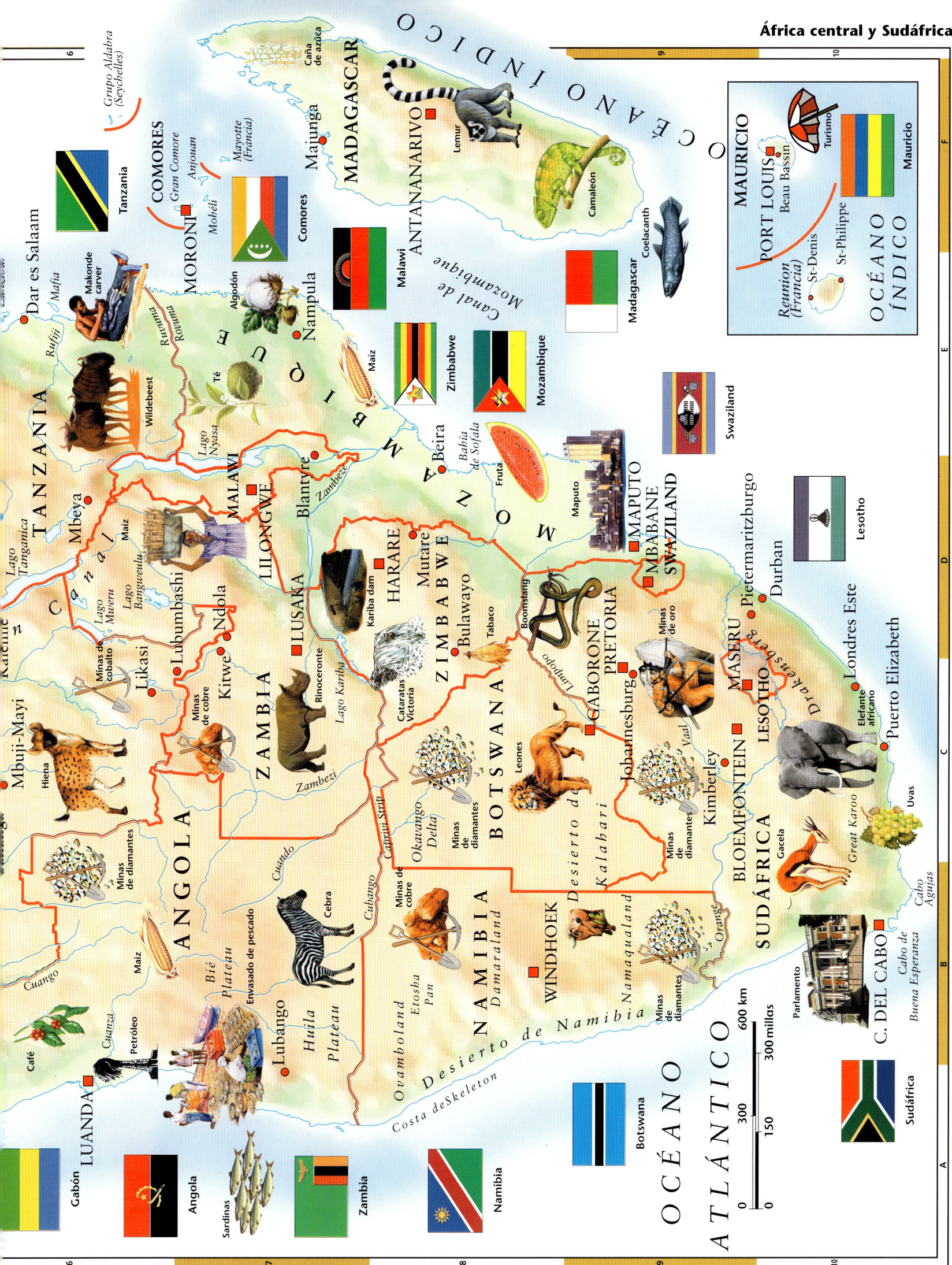

OCÉANO ÍNDICO

Grupo Aldabra (Seychelles)

Tanzania

COMORES
Gran Comore
Mayotte (Francia)
Anjouan
MORONI
Mohéli
Comores

MADAGASCAR
Caña de azúca
Majunga
Lemur
ANTANANARIVO
Camaleón

Coelacanth

Madagascar

MAURICIO
Turismo
PORT LOUIS
Beau Bassin
Mauricio
St-Philippe
Réunion (Francia)
St-Denis
OCÉANO ÍNDICO

Dar es Salaam
Zanzíbar
Mafia
Makonde carver
Ruvuma
Rouvuma
Rufiji

TANZANIA
Wildebeest
Lago Tanganica
Mbeya
Kalemie
Té
Maíz
Lago Mweru
Minas de cobalto
Lubumbashi
Likasi
Lago Bangweulu
Minas de cobre
Kitwe
Ndola
Rinoceronte
Canal
LUSAKA
ZAMBIA
Maíz
Zambezi
Lago Kariba
Cataratas Victoria

Algodón
Nampula
Maíz

MALAWI
LILONGWE
Lago Nyasa
Blantyre
Zambeze
Beira
Bahía de Sofala
Fruta

Malawi
Canal de Mozambique
Mozambique

Zimbabwe

Swaziland

Maputo
MAPUTO
MBABANE
SWAZILAND

Kariba dam
HARARE
Mutare
ZIMBABWE
Bulawayo
Tabaco

Boomslang
Leones
Limpopo
GABORONE
PRETORIA
Johannesburgo
Minas de oro
Vaal
Pietermaritzburgo
Durban
MASERU
LESOTHO
Lesotho
Drakensberg
Londres Este
Elefante africano
Puerto Elizabeth

Minas de diamantes
BOTSWANA
Desierto de Kalahari
Minas de diamantes
Kimberley
BLOEMFONTEIN
SUDÁFRICA
Gacela
Great Karoo
Uvas
Cabo Agujas

Mbuji-Mayi
Hiena
Minas de diamantes
ANGOLA
Envasado de pescado
Cebra
Cuanza
Maíz
Minas de cobre
Cubango
Caprivi Strip
Okavango Delta
NAMIBIA
Damaraland
WINDHOEK
Namaqualand
Orange
Minas de diamantes

Café
Petróleo
LUANDA
Bié Plateau
Lubango
Huila Plateau
Ovamboland
Etosha Pan
Desierto de Namibia
Costa de Skeleton

Parlamento
C. DEL CABO
Cabo de Buena Esperanza

OCÉANO ATLÁNTICO

Gabón
Angola
Sardinas
Zambia
Namibia
Botswana
Sudáfrica

600 km
300 millas
300
150
0

51

1

Severnaya Zemlya

Islas Nueva Siberia

FEDERACIÓN RUSA

2

EUROPA

Sakhalin

3

ASTANA

KAZAJISTÁN

ULAN BATOR

MONGOLIA

Hokkaido

JAPÓN

BISHKEK

UZBEKISTÁN

KIRGUIZISTÁN

TASHKENT

GEORGIA

ARMENIA

TIFLIS

BAKU **TURKMENISTÁN**

AZERBAIJAN

TADJIKISTÁN

DUSHANBE

BEIJING

COREA DEL NORTE

PYONGYANG

ANKARA

ERIVAN

ASHGABAT

C H I N A

TURQUÍA

Honshu

COREA DEL SUR

SEUL

CHIPRE

NICOSIA

SIRIA

TEHERÁN

TOKYO

LÍBANO

DAMASCO

BEIRUT

BAGDAD

KABUL

ISLAMABAD

4

JERUSALÉN

AMMAN

IRAK

IRÁN

AFGANISTÁN

NUEVA DELHI

NEPAL

KATMANDÚ

BHUTÁN

THIMBU

Islas Ryukyu

ISRAEL JORDANIA

KUWAIT

P A K I S T Á N

TAIPEI

KUWAIT

TAIWAN

MANAMA

OMAN

BANGLADESH

HANOI

BAHRAIN

DOHA

ABU DHABI

I N D I A

OHAKA

MYANMAR (BURMA)

LAOS

RIYADH

QATAR

EMIRATOS ÁRABES UNIDOS

MUSKAT

VIENTIANE

Hainan

ARABIA SAUDITA

YANGON (RANGOON)

TAILANDIA

Luzon

VIETNAM

MANILA

OMAN

BANGKOK

CAMBOYA

FILIPINAS

SANA

YEMEN

Socotra (Yemen)

Islas Laccadive (India)

Islas Andamán (India)

PHNOM PENH

Mindanao

5

ÁFRICA

COLOMBO

SRI LANKA

Islas Nicobar (India)

BRUNEI

BANDAR SERI BEGAWAN

MALE

MALDIVAS

MALASIA

KUALA LUMPUR

SINGAPUR

SINGAPUR

Borneo

Sulawesi

Moluccas

IRIAN JAYA

Sumatra

I N D O N E S I A

Territorio Británico del Océano Índico

YAKARTA

DILI

IMOR DEL ESTE

6

Java

Bali

AUSTRALIA

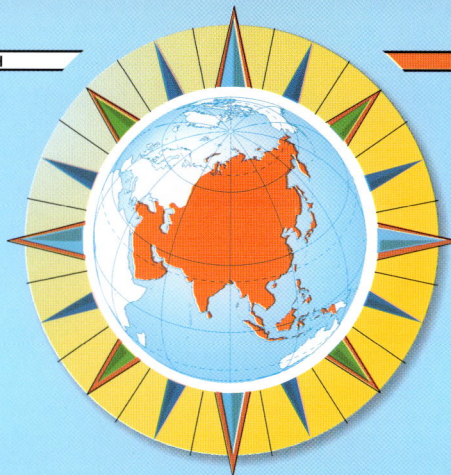

Wrangel Island

0   1000   2000 km
0   500   1000 millas

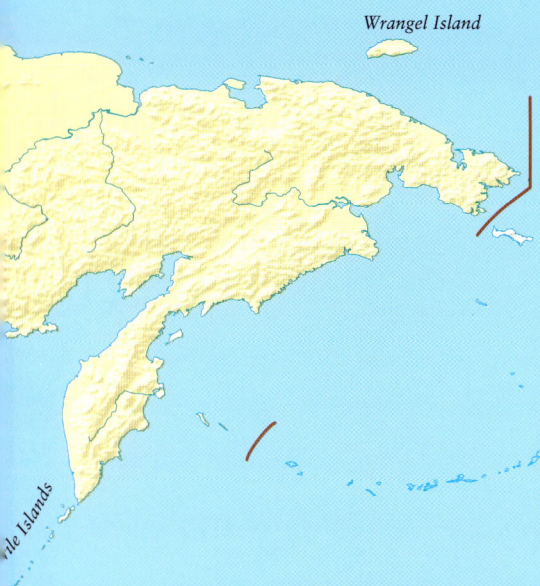

En la cima del mundo
El Himalaya es la cordillera más alta del mundo. Las montañas se extienden a lo largo de 2.400km y sus cimas aparecen cubiertas de nieve y glaciares durante todo el año.

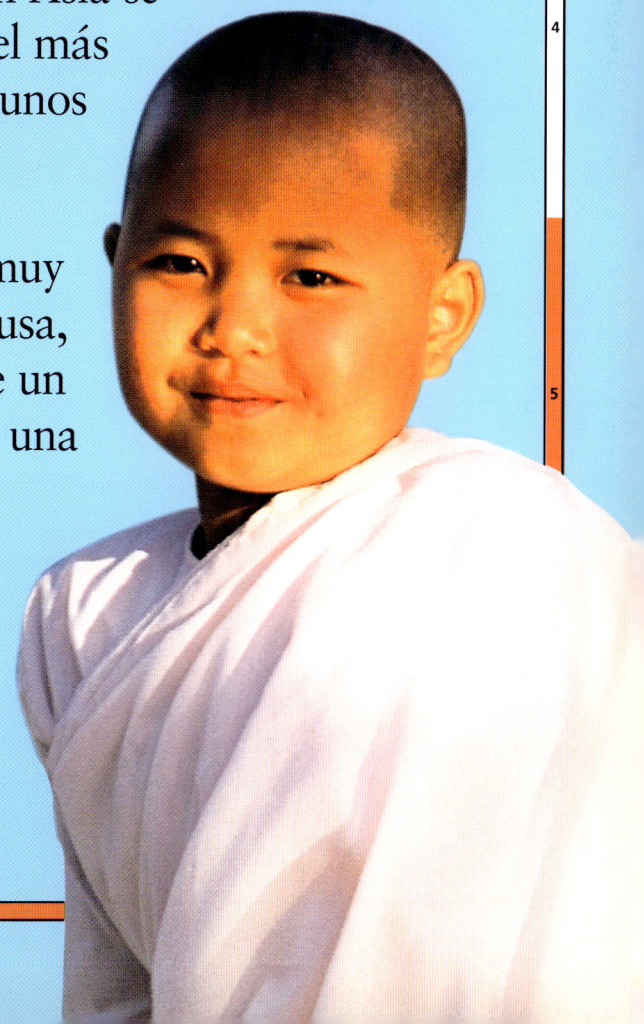

ASIA

Asia es el continente más grande. La forma un 35% de la superficie del planeta y la habita un 60% de la población. Se extiende desde Turquía y los Urales al oeste de Rusia hasta el Océano Pacífico al este, y desde el gélido Océano Ártico al norte hasta las islas tropicales de Indonesia.

La montaña más alta del mundo, el Monte Everest en el Himalaya, aparece cubierta de nieve. En otros lugares hacia el centro del continente se extienden desiertos secos y rocosos. En Asia se encuentran el lago Baikal, el más profundo del mundo, y algunos de los ríos más largos – el Yangtze y el Ganges.

Asia contiene tres países muy poblados – la Federación Rusa, China y la India. Se trata de un continente multirracial, con una gran variedad de pueblos, creencias lenguas y estilos de vida.

El Budismo
El Budismo es una de las religiones profesadas en Asia. Es la más extendida en Myanmar (ex Birmania) donde afecta en gran medida la vida cotidiana. Incluso los niños, como la joven que aparece en la imagen, pueden convertirse en monges o monjas.

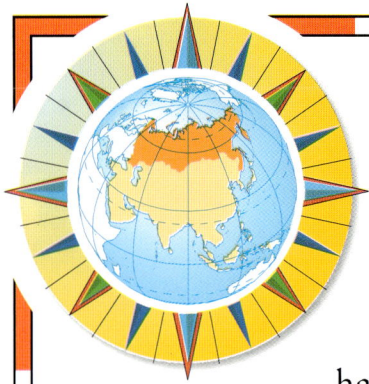

La Federación Rusa

La Federación Rusa es el país más grande del mundo. Se extiende desde Europa hasta Asia. La mayor parte de la población vive al oeste de los Urales, en el territorio europeo del país. Bosques de abedules y coníferas cubren la región, y el río Volga la riega.

La zona este pertenece a Asia. Se trata de un territorio extenso que incluye regiones pantanosas y el bosque de coníferas más grande del mundo así como las llanuras cubiertas de hierba conocidas como estepas. De ahí proviene la mayor parte del grano de Rusia.

La Federación Rusa se formó en 1991, tras la fragmentación de la Unión Soviética de régimen comunista. Muchos de los antiguos estados se independizaron. Bajo el gobierno soviético, muchas industrias quedaron desfasadas. Hoy en día, el país está modernizando muchas de sus empresas y técnicas de agricultura.

SUECIA
NORUEGA
Círculo Ártico
Golfo de Botnia
Mar de Barents
FINLANDIA
Murmansk
Minas de hierro
Kaliningrado
LETONIA
FED. RUSA
ESTONIA
Península de Kola
Pesca
POLONIA
LITUANIA
San Petersburgo
Mar blanco
Novaya Zembla
Mar de Kara
Lago Ladoga
Lago Onega
Arcángel
Pechora
Península de Yamal
BIELORRUSIA
Catedral de San Basilio
Paro siberiano
Urogallo avellano
Renos
Gora Narodnaya 1895m
UCRANIA
MOSCÚ
Nizhnyi Novgorod
Kirov
Ballet
Lobo
Norte
Duina del Norte
Urales
FED
Cultivo de trigo
Kazan
Perm
Llanura Siberiana del Este
de Europa
Ob
Llanura
Producción de acero
Petróleo
Mar Negro
Rostov-na-Donu
Don
Volgogrado
Volga
Samara
Yekaterinburgo
Industria
Cáucaso
Petróleo
Chelyabinsk
Ural
Irtysh
Elbrus 5642m
Omsk
GEORGIA
Mar Caspio
Industria
ARMENIA
AZERBAIJÁN
KAZAJISTÁN

Casas reales
El Palacio de Invierno en San Petersburgo era la residencia de invierno de los zares (la familia real rusa). Se construyó en 1732.

Hechos y cifras

Ciudades más grandes
Moscú 9.107.000
San Petersburgo 4.700.000

Río más largo
Yenisey-Angara 5.540km

Lago más grande
Lago Baikal 30.500km^2. Es el lago de agua dulce más profundo del mundo.

Montaña más alta
Elbrus 5.642m. Se encuentra en el territorio ruso de Europa y se identifica como el punto más alto del continente.

O C É A N O   Á R T I C O

Mar Chukchi

Estrecho de Bering

Círculo Ártico

Mar de Bering

Tierra de Franz Josef

Ostrov Komsomolets

Ostrov Oktyabrskoy Revolyutsii

Ostrov Bolshevik

Severnaya Zemlya

Islas Nuevas Siberianas

Mar Laptev

Isla Wrangel

Mar siberiano del Este

Anadyr

Minería

FEDERACIÓON RUSA

Lemming

Península de Taymyr

Búho de las nieves

Ampelis Europeo

Gas

Arrendajo siberiano

Olenek

Kotuy

Khatanga

S i b e r i a

M e s e t a

Verkhoyanskiy Khrebet

Pueblo Yakut

Indigirka

Kolyma

Khrebet Cherskogo

Gora Pobeda 003m

Sierra de Kolyma

Sopka Klyuchevskaya 4750m

Península de Kamchatka

Minas de oro

Magadan

E R A C I Ó N

siberiana

central

Gydanskiy Poluostrov

Yenisey

Tunguska menor

Lena

Vilyuy

Yakutsk

Minas de carbón

Aldan

Mar de Okhotsk

Islas kurile

R U S A

Tunguska de piedra

Ob

Angara

Minas de diamantes

Leña

Hidroelectricidad

Olekma

Stanovoy Khrebet

Tigre siberiano

Sakhalin

Pesca

Tomsk

Novosibirsk

Industria

Krasnoyarsk

Sayans del este

Lena

Industria

Cisne alegre

Vitim

Ferrocarril Transiberiano

Yuzhno-Sakhalinsk

Novokuznetsk

Minas de hierro

Gora Belukha 06m

Montañas Altái

Gora Munku-Sardyk 3492m

Irkutsk

Lago Baikal

Ulan-Ude

Yablonovyy Khrebet

Chita

Minas de carbón

Amur

Khabarovsk

JAPÓN

Industria

Barcos de carga

M O N G O L I A

C H I N A

Vladivostok

Pesca

Barcos grandes
Vladivostok, en el lejano este, es un puerto de mucho movimiento. Se trata de una base importante para la marina rusa y para los barcos de pesca.

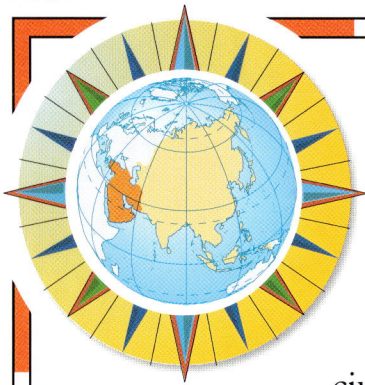

El oeste de Asia

Tres continentes – Europa, África y gran parte de Asia – se sitúan al oeste de Asia, también conocido como Oriente Medio. Las primeras ciudades del mundo surgieron en la zona entre los ríos Éufrates y Tigris hace unos 5.000 años.

Las fronteras septentrionales del oeste de Asia las forman montañas y mares. Hacia el oeste se extiende el mar Mediterráneo, mientras que más hacia el sur se encuentran las aguas cálidas del mar Rojo, el Golfo y el océano Índico. Los ríos Tigris y Éufrates proporcionan fertilidad a las tierras que los rodean, pero la mayor parte de la superficie occidental de Asia es desértica o semi-desértica con un clima principalmente caluroso y seco. La "Región Vacía" de Arabia Saudita se describe como una de las zonas más inhóspitas de la tierra.

Tres de las religiones más extendidas en el mundo – el Judaísmo, el Cristianismo y el Islam – surgieron al oeste de Asia. Muchos países se han enriquecido gracias al petróleo y el gas natural; esta región produce un tercio de la producción diaria mundial. Desgraciadamente, tanto el petróleo como la religión han llevado a conflictos graves. Las fronteras dentro de Israel son motivo de disputa y desde su nacimiento, en 1948 a partir de una zona denominada Palestina, no han cesado los conflictos. Miles de palestinos se han visto exiliados de sus hogares y quieres establecer su propio país en su antigua tierra natal. Las luchas continúan de manera que esa zona presenta gran inestabilidad política.

Turquía

Chipre

Siria

Irak

Líbano

Israel

Jordania

Arabia Saudita

Kuwait

BULGARIA

GRECIA

Estambul

Mar Negro

Tejidos

Tabaco

Santa Sofía

ANCARA

Anatolia

Lago Tuz

Olivas

Izmir

TURQU

Higos

Algodón

Antalya

Montañas Taurus

Adana

Mar Mediterráneo

NICOSIA
CHIPRE

Turismo

Cítricos

BEIRUT
LÍBANO

Jerusalén

Industria

JERUSALÉN

AMMAN

ISRAEL

Petra

Trigo

EGIPTO

Mar

SUDÁN

ER

HECHOS Y CIFRAS

Ciudades más grandes
Estambul 9.413.000
Teherán 8.900.000
Bagdad 4.478.000

Río más largo
Éufrates 2.700km

Montaña más alta
Qolleh ye Damavand 5.618m

Ciudad más antigua
Damasco, capital de Siria, es la ciudad más antigua habitada con continuidad con unos 4.500 años de antigüedad.

Lugar de culto
Estambul es una importan ciudad de Turquía. El Islam es la religión oficial. En la ciudad se encuentra esta mezquita. La de Suleymaniye que aparece en la imagen.

GEORGIA
Georgia
Cáucaso
Kazbek 5.047 m
TIFLIS
Minas
Té
Tabaco
Trigo
Electrónica
Uvas
Algodón
Lago Van
Cabras de Angora
Lago Urmia
Tabriz

ARMENIA
ERIVAN
Armenia

AZERBAIJAN
AZERBAIJÁN
Azerbaiján

KAZAJISTÁN
UZBEKISTÁN

Esturión
BAKU
Torre de perforación

Mar Caspio

Qolleh ye Damavand 5.681 m
Montes
Elburz
Industria
TEHERÁN
Qom

TURKMENISTÁN

Trigo
Mashhad

Dasht-e Kavir

IRÁN
Irán

AFGANISTÁN

Ovejas

Aleppo
SIRIA
Krak de los Caballeros
Al Jazirah
Mosul
Petróleo
Gran mezquita de Samarra
Producción de alfombras

Meseta de Irán

Dasht-e Lut

DAMASCO
Desierto Sirio
Trigo
Samarra
Industria
IRAK
BAGDAD
Petróleo
Madraza de Chahar Bagh
Industria
Ahvaz
Isfahan

Persépolis
Trigo
Zahedan

PAKISTÁN

JORDANIA
Ovejas
Tigris
Eufrates
Águila real
Basrah
KUWAIT
KUWAIT
Torres de agua

Karun
Zagros
Industria
Shiraz
Petróleo
Gas

Golfo Pérsico

Qeshm
Estrecho de Hormuz

An Nafud
Jerbo
Petróleo
Petróleo
BAHREIN
MANAMA
Torre de perforación
OMAN
Dubai
Petróleo
Dátiles

Península
Camellos de carreras
Gas
DOHA
QATAR
ABU DHABI
EMIRATOS ÁRABES UNIDOS

Golfo de Oman
MASCATE

Medina
Arábiga
RIYADH
Riyadh
Refinería
Petróleo
Plátanos

Gran Mezquita de la Meca
Dátiles
Jiddah
Meca

ARABIA SAUDITA
OMAN

Ar-Rab Al-Khali (Región Vacía)
Asir
Oryx
Petróleo
Dátiles
Masirah
Golfo de Masirah
Sardinas

Zufar

Abha
Ovejas
Salalah
Al mahrah

Mar Rojo
ERITREA
ETIOPÍA
YEMEN
SANA
Café
Trigo
Petróleo
Hadramaut
Petrolero
OCÉANO ÍNDICO

Algodón
Ta'izz
Bab el Mandeb
Golfo de Aden
Aden

Armenia
Azerbaiján

Irán

Bahrain

Qatar

Emiratos Árabes Unidos

Omán

Yemen

0   400   800 km
0   200   400 millas

57

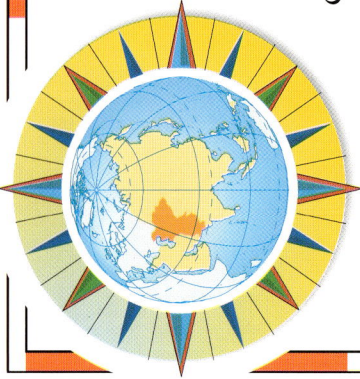

El centro de Asia

Gran parte del centro de Asia es montañoso, con plantaciones fértiles y desiertos rocosos. La segunda montaña más alta del mundo, el K2, se encuentra en esta región, en la sierra de Karakorum, en Pakistán. Las tierras altas forman gran parte de Afganistán y afectan al clima de la zona. Los vientos del norte provocan inviernos fríos, pero los veranos son secos y calurosos. Muchos de los países del centro de Asia no disponen de costa y su clima suele ser seco. Kazajistán sufre inviernos fríos y disfruta de veranos cálidos.

Existen muchos lagos de agua dulce en esta región de los que se extrae el agua para el regadío. Sin embargo, esto puede causar problemas – se ha extraído tanta agua de los ríos Amu y Syr en Uzbekistán que el mar Aral se está secando.

El río Indus fluye con fuerza a través de Pakistán. Sus aguas permiten la existencia de vida en las llanuras fértiles.

Algunos colonizadores pacíficos las han escogido para establecer allí sus hogares, de ahí que la población refleje tal mezcla racial.

Estilos de vida tradicional

Millones de Afganos viven como nómadas, cuidando de rebaños de cabras y ovejas. Viven en tiendas de campaña de fieltro que pueden empaquetarse y transportarse fácilmente.

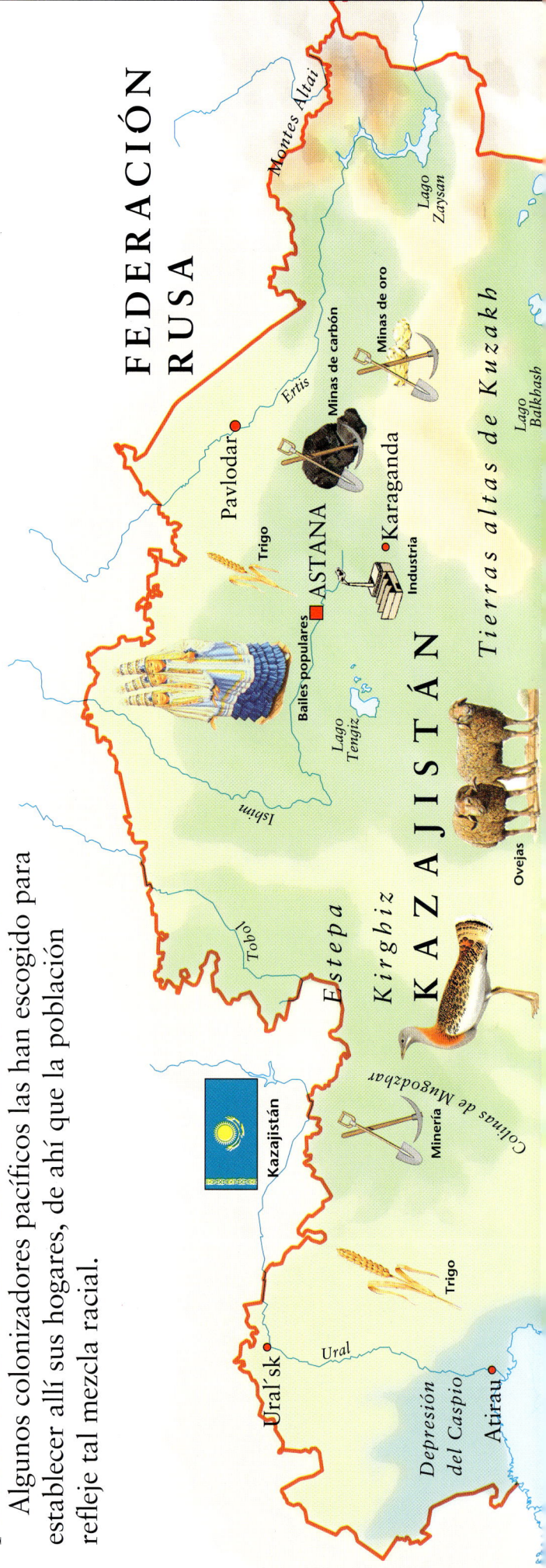

FEDERACIÓN RUSA

Montes Altai

Lago Zaysan

Ertis

Minas de carbón

Minas de oro

Pavlodar

Trigo

ASTANA

Karaganda

Industria

Lago Balkhash

Bailes populares

Lago Tengiz

Ishim

K A Z A J I S T Á N

Tierras altas de Kuzakh

Ovejas

Tobo

Estepa

Kirghiz

Colinas de Mugodzhar

Minería

Kazajistán

Ural'sk

Ural

Depresión del Caspio

Atirau

Trigo

Trigo
Manzanas
Ile
Ganado

Alma Ata
BISKEK
Sierra Kyrgy
Ysyk-Kol
KIRGUIZISTÁN
Pik Pobedy 7439m
T i e n S h a n

Kirguistán

C H I N A

Huevos
Tabaco
Osh
Valle Bergana
Sierra Aldi
Industria
Arroz

Qullai Kommunizm 7495m

TADJIKISTÁN
Tadjikistán
P a m i r s
Sierra Karakoram
K2 8611m
Nanga Parbat 8126m

H i n d u K u s h

NEPAL

Pakistán

ISLAMABAD
Rawalpindi
Industria
Guiranwala
Lahore
Chenab
Ravi
Jhelum
Peshawar
Jalabadad
KABUL
Melocotones
Verduras
Minas de oro
Alfombras
Indus

INDIA

Ruinas de Harappa
Desierto Thar Sutlej
Multan
Arroz
Faisalabad
Trigo
Industria

Samarcanda
DUSANBE

TASKENT
Samarcanda
Sry darya

UZBEKISTÁN

oKzil-Orda
K y z y l k u m
Minas de oro
Gas
Amu Darya

Mazar-l Sharif

AFGANISTÁN
Herat
Kandahar
Camello bactrián
Trigo
Dasht-e Margow
Helmand
Colinas Chagai
Sierra Toba Kakar
Caña de azúcar
Quetta
Cabras
Sierra Sulaiman
Trigo
Arroz
Trigo

Sierra Central de Makran
Industria
Hyderabad
Rann de Kutch
Desembocadura del Indus

P A K I S T Á N
Algodón
Karachi

IRÁN

Mar Arábigo

Mar Ard
Albaricoques
Urganch
T i e r r a s d e T u r a n
G a r a g u m
TURKMENISTÁN
Petróleo
Mary
Producción de alfombras
Canal de Garagu
ASHABAD
Turkmenistán
Gas
Gazanjyk
Algodón
Meseta Ustyurt
Petróleo
Aqtao
Garabogaz Aylagy

Afganistán

Uzbekistán

M a r C a s p i o

ACERBAIJÁN

HECHOS Y CIFRAS

Ciudades más grandes
Karachi 9.270.000
Lahore 5.064.000

Río más largo
Indus 2.900km

Punto más alto
K2 8.611m

Lagos más grandes
Mar Caspio 371.800 km². Es el lago más grande del mundo. El mar Aral, que antiguamende media 66.000km², ha disminuido hasta menos de la mitad.

600 km
300 millas
300
150

59

El sur de Asia

El sur de Asia se encuentra limitado por el desierto de Thar al noroeste y el Himalaya, una gran cadena de montañas muy elevadas, al norte y al este. El Himalaya contiene algunas de las montañas más altas del mundo. La más alta es el Monte Everest. Aparecen cubiertas de nieve durante todo el año, y la mayor parte de la población de Bhután y Nepal viven en los valles más cobijados del sur.

En Bangladesh, por contraste, la mayoría de la tierra es baja y llana. Los ríos Ganges y Brahmaputra fluyen con fuerza a través de los valles fértiles hasta el mar. Cada año, las lluvias monzónicas desbordan estos ríos y pueden causar inundaciones terribles.

Aproximadamente un 60% de la población del país vive de la agricultura, pero también se encuentran industrias de gran escala y ciudades enormes y muy pobladas.

Sri Lanka es una isla montañosa en la costa sur de la India que aparece rodeada de playas hermosas. El terreno de las zonas interiores es fértil y llano lo que permite que sea un área importante en el cultivo de té.

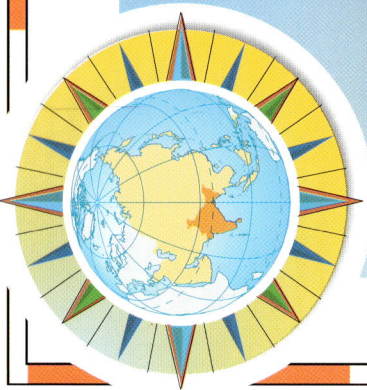

Río religioso

El Ganges es un río sagrado para los seguidores de la religión Hindú. Hacen peregrinaje hasta el río para bañarse en sus aguas purificadoras. Se han construido escalones, en algunos tramos de su ribera para ayudar a la gente a entrar y salir del agua.

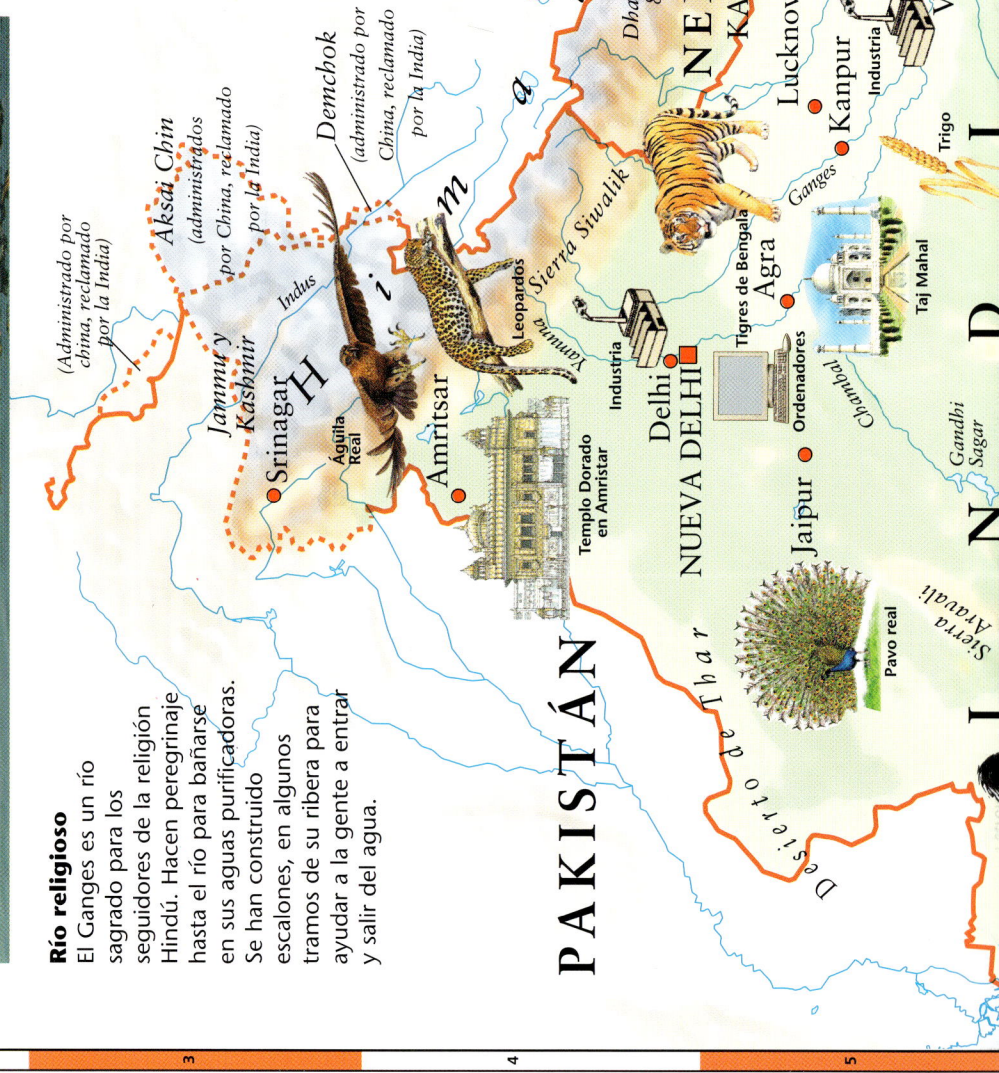

CHINA

BHUTAN
THIMPHU
Bhután
Kula Kangri
7.554m

BANGLADESH
DHAKA

Elefante indio
Rinoceronte indio
Colinas de Naga
Brahmaputra

Monte Everest
8848m
Monte Everest
Jute
Ganges
Producción de acero

NEPAL
KATHMANDÚ
Nepal
Dhaulagiri
8167m

Lucknow
Kanpur
Industria
Ghaghara
Varanasi

Aksai Chin
(Administrado por China, reclamado por la India)

Demchok
(administrado por China, reclamado por la India)

Jammu y Kashmir
(Administrado por china, reclamado por la India)

Srinagar
Águila Real
Indus

H i m a l a y a

Sierra Siwalik
Leopardos

Tigres de Bengala
Agra
Taj Mahal

Amritsar
Templo Dorado en Amritsar
Yamuna

Delhi
NUEVA DELHI
Industria
Ordenadores
Chambal

PAKISTÁN

Desierto de Thar

Jaipur
Pavo real
Sierra Aravali
Gandhi Sagar

Trigo
Ganges

I N D I A

MYANMAR (BURMA)

Chittagong

Kolkata (Calcuta)

Arroz

Industria

Desembocadura del Ganges

Bangladesh

800 km

400 millas

400

200

0

0

G o l f o   d e   B e n g a l

Andamán del Norte

Islas Andamán (India)

Andamán del Medio

Andamán del Sur

Pequeño Andamán

Car Nicobar

Islas Nicobar (India)

Gran Nicobar

INDONESIA

HECHOS Y CIFRAS

Ciudades más grandes
Mumbai (Bombay)
16.368.000

Kolkata (Calcuta)
13.217.000
Delhi 12.791.000

Montaña más alta
Monte Everest 8.848m

Río más largo
Brahmaputra 2.900m

Chota Nagpur

Mina de carbón

Reserva Irakud

Mahanadi

Langur

Vacas sagradas

Visakhapatnam

Industria

Jabalpur

Bhopal

Indore

Ahmadabad

Surat

León asiático

Petróleo

Golfo de Kachchh

Torre de perforación

Golfo de Cambay

Mumbai (Bombay)

Mar Arábigo

Sierra Vindhya

Narmada

Sierra Satpura

Nagpur

Algodón

D e c c a n

Bhima

Krishna

Industria Cinematográfica

Pune

Mercado

Hyderabad

Cobra reina

Godavari

Arroz

Bailarines indios

G h a t s   d e l   o e s t e

G h a t s   d e l   e s t e

Chennai (Madras)

Costa Coromandel

Banyan

Bangalore

Algodón

Coimbatore

Cocós

Madurai

Industria

Costa Malabar

India

Jaffna

SRI LANKA

Recolección de té

Goma

COLOMBO

Golfo de Mannar

Sri Lanka

O C É A N O   Í N D I C O

Maldivas

Isla Minicoy

Islas Laccadive (India)

MALE

MALDIVAS

Coral

Festival de la luna llena

En Sri Lanka, durante la semana de luna llena del mes de julio, la gente celebra el festival de Esala Perahera. Elefantes decorados con colgantes muy elaborados y tiras de luces desfilan por las calles, junto con miles de bailarines y músicos.

Hkakabo Razi
5881m

I N D I A

Minas de rubíes

BANGLADESH

C H I N A

Myanmar

MYANMAR
(BURMA)

Mandalay

Meseta
de Shan
Leña

Río Negro

Río Rojo

HANOY

Chinduim

Salueena

Café

Minas de
carbón

Templo
budista

Arakan Yoma

Irrawaddy

Arroz

Chiang Mai

LAOS

Golfo de
Tongking

Laos

Bahía
de
Bengala

Ping

Nan

Minería

VIENTIANE

Da Nang

Islas
Parac

Industria

Meseta
de Korat

Madera

Cadena Anammitica

Mekong

YANGON
(RANGUN)

Moulmein

T A I L A N D I A

Arroz

Vietnam

Desembocadura del
Irrawady

Golfo de
Martaban

Maíz

Meseta
de
Bolovens

VIETNAM

Algodón

Almidón de
mandioca
Turismo

Siem
Reap

C A M B O Y A

Plantaciones
de arroz

BANGKOK

Tailandia

Islas Andamán
(India)

Archipiélago
Mergui

Golfo de
Tailandia

Angkor
Wat

PHNOM
PENH

Ho Chi Minh

Mar de
Andamán

Camboya

Desembocadura
del Mekong

Islas Nicobar
(India)

Phuket

Dugong

Pesca

M A L A S

George Town

Tapir

BANDA

Estrecho de Malaca

Islas
Natuna

Medan

Simeuluma

KUALA LUMPUR

Mar
Natuna

Torre de

Lago
Toba

Industria

Kuchin

Petróleo

Nias

Rafflesia

SINGAPUR
SINGAPUR

Singapur

Pontianak

Kapuas

Oraguntanes

Sumatra

Piñas

Bangka

Islas Mentawai

Gunung Kerinci
3800m

Musi

Belitung

Alimento básico
El arroz es el tipo de
cultivo más importante
del sureste asiático. En
muchos lugares, se
siembran dos cosechas
de arroz al año.

Palembang

I

N

Rinoceronte
de Sumatra

Enggano

Mar

JAKARTA

O c é a n o

Industria

Semaran

Í n d i c o

Bandung

Indonesia

Arroz

Gibones

Java

HECHOS Y CIFRAS

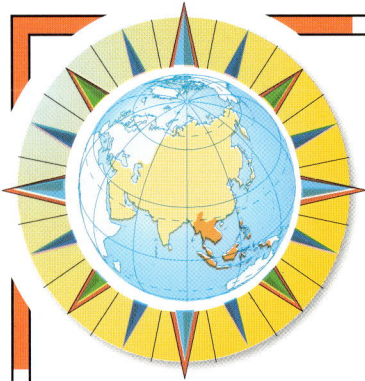

Ciudades más grandes
Jakarta 12.435.000
Manila 10.492.000
Bangkok 7.642.000

Río más largo
Mekong 4.350km

Montaña más alta
Hkakabo Razi 5.881m

Número de islas
Unas 27.000

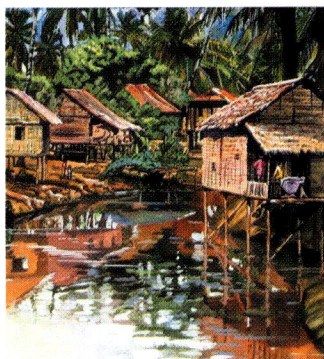

El sudeste asiático

Extendiéndose alrededor del Ecuador, el sudeste asiático se presenta como un territorio caluroso y húmedo en el que las tormentas son frecuentes. Está cubierta de montañas elevadas y densos bosques que cobijan miles de especies únicas de plantas y animales. Junto a los ríos, Irrawaddy y Mekong, surgen llanuras, que se emplean como campos de arroz.

Una franja de tierra larga y estrecha se extiende hacia el sur desde Tailandia hasta Malasia y Singapur. Y hacia el sur se encuentran millares de islas. Borneo es la tercera isla más grande de la tierra. Su territorio se divide entre Malasia, Indonesia y Brunei. Brunei es uno de los países más ricos del mundo. Su riqueza proviene del petróleo y las reservas de gas.

Indonesia es una nación de islas, posee unas 13.600, de las que tan sólo unas 6.000 están habitadas. Las Filipinas es otro ejemplo de nación compuesta por islas; se compone de unas 7.100.

Islas Batan
Estrecho de Luzon
Islas babuyan
Luzon — Minería
Arroz — Pesca
Industria — MANILA
Mar del Sur de China
Catanduanes
Águila come-monos
Mindoro
Archipiélago de Calabian
FILIPINAS
Masbate
Samar
Panay
Leyte
Iloilo
Cebu
Bobol
Negros
Islas Spratly
Palawan
Filipinas
Mar de Sulu
Plátanos
Arroz
Mindanao
Malasia
Estrecho Balabac
Zamboanga
Monte Apo 2954m
Davao
Gunung Kinabalu 4094m
Archipiélago Sulu
A
ERI BEGAWAN
BRUNEI
Mar de las Célebes
Islas talaud
OCÉANO PACÍFICO
Brunei
Islas Sangihe
Isla Morota
Sierra de Petambo
Kayan
Rajang
Mono narigudo
Cócos
Palmera cocotera
Manado
Especies
Halmahera
Atún
Ecuador
Waigeo
Montes Kapuas
rneo
Golfo de Tomini
Mar de las Molucas
Obi
Jazirah Doberai
Biak
Yapen
Jayapura
Mahakan
Madera
Balikpapan
Bambú
Sulawesi
Islas Sula
Molucas
Misool
Seram
Mamiberamo
Minería
Puncak Jaya 5030m
Pegunungan Maoke
Barito
Banjarmasin
D
O
N
Buru
E
S
Isla Ketjil
I
A
Madera
Makassar
Arroz
Butung
Mar Banda
Isla Maikoop
Islas Célebes
ava
Madura
Surabaya
agón Komodo
Bali Lombok Sumbawa
Mar Flores
Flores
Wetar
Timor del Este
Alor
Isla Selaru
Yos Sudarso
Mariposa de alas de pájaro
PAPUA NUEVA GUINEA
DILI
TIMOR DEL ESTF
Islas menores de la Sonda
Sumba
Timor
Kupang
Mar de Arafura

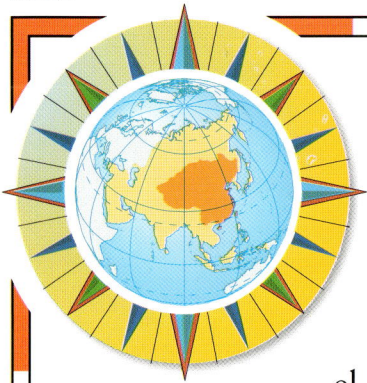

El este de Asia

China ocupa la gran mayoría del este de Asia. Es el cuarto país más grande del mundo y posee la población más numerosa – una quinta parte de la población mundial. Grandes ríos, como el río Amarillo y el Yangtze, fluyen a través de llanuras fértiles. La mayoría de las ciudades industriales de China, así como sus regiones rurales, se encuentran en dichas llanuras. Las sierras accidentadas del suroeste sirven de hogar al panda gigante que se alimenta del bambú que crece allí. Al norte se extiende el desierto de Gobi, que cruza la frontera con Mongolia.

Hong Kong, un centro financiero de gran relevancia, volvió a formar parte del gobierno Chino en 1997.

Taiwán es un país montañoso. La mayoría de los habitantes vive al oeste de la isla.

HECHOS Y CIFRAS

Ciuades más grandes
Shangai 9.537.000
Beijing 7.336.000
Hong Kong 6.930.000

Río más largo
Yangtze 6.300km

Montaña más alta
Everest 8.848m. Es la montaña más alta del mundo.

Temperaturas del desierto de Gobi
Máxima 45ºC; mínima -40ºC

Montes Altai

Uvs Nuur

Olgiy

KAZAJISTÁN

Petróleo

Trigo

Cuenca de Junggar

Urumchi

Algo...

KIRGUIZISTÁN

UZBEKISTÁN

Tien Shan

Tomur Feng
7.439 m

Depresión de Turfán
-154m

TAJIKISTÁN

Kashi

Tarim He

Cuenca de Tarim

Lop Nor

AFGANISTÁN

Desierto de Takla Makan

Cuenca de...

PAKISTÁN

K2
8.611 m

(administrado por Chiná, reclamado por la India)

Montes Kunlun

Aksai Chin
(administrado por China, reclamado por la India)

Buitre grifo del Himalaya

Ciervo almizclado

Demchok
(administrado por China, reclamado por la India)

Marmota Bobak

C

Meseta del Tíbet

Yak

Panda rojo

Nu Jiang

Cabra montesa siberiana

Palacio Potala

Oso del Himalaya

Brahmaputra

Lhasa

NEPAL

Xixabangma Feng
8.013 m

Monte Everest
8.848m

BHUTÁN

Leopardo de las nieves

I N D I A

¡No pasar!

Con sus casi 3.460km de largo, la Gran Muralla China es la construcción más grande del mundo. Se construyó para impedir el paso de las tribus que pretendían invadir China.

MY
(

0 500 1000 km
0 250 500 millas

DERACIÓN RUSA

Mongolia

Hovsgol Nuur
Madera
Yak
Selenge Moron
Industria
Minería
ULAN BATOR
Yurt
Ovejas
Minería
Ovejas
Saynshand
MONGOLIA
Minas de carbón
Cabras
Camello bactrian
Caballos Przewalski
Desierto de Gobi

Argun (Ergun He)
Amur (Heilong Jiang)
Ovejas
Nen Jiang
Montañas Inferiores de Khingan
Gran Sierra de Khingan
Amur
Wusdi Jiang
Ussuri
Hulun Nur
Qiqihar
Minas de carbón
Trigo
Petróleo
Songhua Jiang
Industria
Harbin
Lago Khanka
Llanura de la Manchuria
Changchun
Soja
Tigre siberiano
Ganado
Industria
Shenyang
Fushun
Liao He
Madera
Yalu

Mar del Japón

COREA DEL NORTE

COREA DEL SUR

Estrecho de Corea
JAPÓN

Minería
Gran Muralla China
Qilian Shan
Qinghai Hu
Xining
Lanchou
Faisán dorado
Río Amarillo
Desierto de Ordo
Templo del Cielo
Luan He
BEIJING (PEKÍN)
Tientsin
Tangshan
Daireu
Bo Hai
Bahía de Korea
Producción de acero
Taiyuan
Fen He
Minas de carbón
Río Amarillo
Jinan
Tsingtao
Mar Amarillo

China

Caidam
Chengohou
Guerreros de Terracota
Wei He
Xi'an
Trigo
Tabaco
Caimán
Nanking
Industria
Shanghai

Mar de China Oriental

HINA

Mekong (Lancang Jiang)
Yalong Jiang
Jinsha Jiang
Río Amarillo
Jialing Jiang
Arroz
Té
Huai He
Hang Shui
Hidroelectricidad
Wuhan
Yangtze
Producción de seda
Industria
Pesca

Chengdu
Cuenca de Sichuan
Panda gigante
Chungking
Nanchang
Changsha
Poyang Hu
Fuzhou
Arroz
TAIPEI
Taiwan
Industria
TAIWAN

Madera
Yangtze
Maíz
Guiyang
Zi Shui
Algodón
Gan Jiang
Kaohsiung
Estrecho de Taiwan

Minas de carbón
Río Rojo
Kunming
Arroz
Xian Jiang
Tejidos
Hong Kong
Hong Kong
Torre de perforación
Estrecho de Luzon

NMAR (RMA)
VIETNAM
Nanning
Xi Jiang
Changchou
Madera
Golfo de Tonkin
Gas
Mar de China Meridional
FILIPINAS
Hainan

65

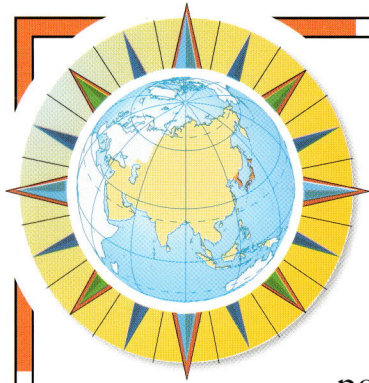

Japón y las dos Coreas

Las islas de Japón son montañosas y accidentadas. Unas 3.000 islas forman una larga cadena en la costa del Pacífico de Asia. Las islas más grandes y pobladas son Honshu, Hokkaido, Kyushu y Shikoku. Japón se encuentra en una zona sísmica y en muchas de las islas se alzan volcanes activos. Los edificios deben ser resistentes a los temblores. El volcán más alto es el Monte Fuji.

Al norte del país el clima se presenta principalmente fresco, con nevadas en invierno. Más hacia el sur, se suaviza con veranos calurosos y húmedos y tormentas fuertes denominadas tifones.

Corea del Norte y Corea del Sur pertenecen a una península de tierra que se adentra en el mar de Japón. Las montañas cubren gran parte de estos dos países. A lo largo de las costas se extienden llanuras donde vive la mayoría de la población. Tanto Corea del Norte como Corea del Sur sufren inviernos fríos con nevadas.

Corea del Norte comercia poco con otros países, mientras que Corea del Sur, y Japón, exporta muchos productos al resto del mundo.

Concurso ritual
Las artes marciales tradicionales son populares en japón y en las dos Coreas. El Kendo, en la imagen, es un tipo de esgrima que surgió en los entrenamientos de los samurais, los guerreros japoneses de la antigüedad.

CHINA

Chongjin

MINAS DE CARBÓN

Hyesan

Nangnim-sanmaek

ARROZ

Producción de acero

PESCA

Hamhung

Bahía de Corea

COREA DEL NORTE

PYONGYANG

Songnim

COREA DEL NORTE

Industria

T'aebaek-sanmaek

Paengnyong-do (Corea del Sur)

Kaesong

Ullung-Do

Industria

SEÚL

COREA DEL SUR

Producción de coches

Mar Amarillo

Producción de aparatos eléctricos

Arroz

Corea del Sur

Taegu

Producción de acero

Industria

Pusan

Construcción de barcos

Estrecho de co

Tsushima

Yamaguchi

Higashi-suido

Fukuoka

Kitakyushu

Halla-san 1950m

Chéju-do

Kuju-san 1788m

Industria

Mar de la China Oriental

Goto-retto

Fukue-jima

Nagasaki

Kumamoto

Kyushu

Construcción de barcos

Kagoshima

Arroz

Sata-misaki

Islas Ryukyu

Tanega-shima

Yaku-shima

Estrecho de La Perouse

Soya-misaki

Rebun-to

Rishiri-to

Macacos

FEDERACIÓN RUSA

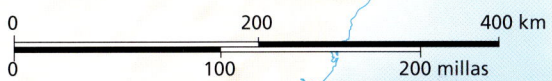

Shiretoko-misaki

Islas Kuriles (Administradas por la Federación Rusa)

0		200		400 km
0	100		200 millas	

Asahikawa

Industria

△ *Asahi-dake 2290m*

Hokkaido

Kussharo-ko

Producción de coches

Sapporo

Arroz

Kushiro

Uchiura-wan

Factoría de pesca

Okushiri-to

Hakodate

Pesca

Erimo-misaki

HECHOS Y CIFRAS

Ciudades más grandes
Tokyo 29.950.000
Es la ciudad más grande del mundo.
Seúl 14.250.000
Osaka 14.190.000

Número de terremotos
Entre 800 y 1.000 cada año

Número de volcanes
En Japón se encuentran unos 200 volcanes. La mayoría están inactivos, pero existen 77 considerados activos.

Montaña más alta
Monte Fuji 3.776m

Tsugaru-kaikyo

Shimokita-hanto

Mutsu-wan

Aomori

Hachinohe

Manzanas

Pesca

Sardinas

Ciervo sika

Akita

Pesca

OCÉANO PACÍFICO

La hora del té
Cada aspecto de la ceremonia japonesa del té se presenta lleno de significado. Gesto ritual para preparar dicha bebida está influido por el Budismo Zen.

Mar del Japón

Arroz

Sado-shima

Sendai

Sendai-wan

Japón

Niigata

Fukushima

Noto-hanto

Honshu

Industria

JAPÓN

Toyama-wan

Toyama

Ordenadores

Hitachi

Kanazawa

Nagano

Cámaras

Dogo

Flor de la cereza

Dozen

Oki-shoto

Té

Castillo Himeji

Wakasa-wan

Funabashi

Salamandra gigante

Gifu

TOKYO

Kawasaki

Chiba

Biwa-ko

Nagoya

△ *Mount Fuji 3776m*

Yokohama

Okayama

Industria

Nara

Nojima-zaki

Kobe

Kyoto

Hiroshima

Sakai

Osaka

Hamamatsu

Producción de motos

Ise-wan

Sagami-nuda

Inland Sea

Izu-shoto

Matsuyama

Cítricos

Kii-suido

Atún

Shikoku

Tosa-wan

Muroto-zaki

Tren bala

Pesca

Shiono-misaki

Bungo-suido

Pesca

OCÉANO PACÍFICO

ASIA

Micronesia

Nauru

Isla Wake
(EEUU)

Islas
Marshall

Atolón Johnston
(EEUU)

Pagan
Alamagan

*Islas
Marianas
del Norte
(EEUU)*

ISLAS
MARSHALL

Saipan
Tinian

Guam
(EEUU)

Palau

Tuvalu

Arrecife Kingman
(EEUU)

Yap

Chuuk

PALIKIR

MAJURO

Kiribati

Atolón Palmyra
(EEUU)

KOROR

Pohnpei

Islas Ca r o l i n a s

Babeldao

MICRONESIA

Kosrae

BAIRIKI

Isla Howland
(EEUU)

Isla Jarvis
(EEUU)

PALAU

*Islas
Gilbert*

Isla Baker
(EEUU)

NAURU

KIRIBATI

*Islas
Admiralty*

Nueva Irlanda

TUVALU

Islas Fénix

PAPUA
NUEVA
GUINEA

*Nueva
Bretaña*

*Isla
Bougainville*

*Santa
Isabel*

ISLAS
SALOMÓN

FONGAFALE

*Tokelau
(Nueva Zelanda)*

*Islas
Nueva
Georgia*

Malaita

HONIARA

*Samoa
Americana
(EEUU)*

Islas Cook del Norte

Papua
Nueva
Guinea

PUERTO MORESBY

Guadalcanal

*San
Cristobal*

*Islas
Santa Cruz*

*Wallis y
Futuna
(Francia)*

SAMOA

*Islas
Cook
(Nueva Zela*

Espíritu Santo

VANUATU

Savaii

APIA

Islas
Salomón

*Nueva
Caledonia
(Francia)*

PORT-VILA
Efaté

*Vanua
Levu*

*Viti
Levu*

SUVA

*Grupo
Lau*

TONGA

*Niue
(N. Zelanda)*

Islas Cook del Sur

Rarotonga

Islas Lealtad

Kadavu

FIJI

NUKU'ALOFA

Vanuatu

*Nueva
Caledonia*

Tongatapi

AUSTRALIA

Fiji

Tonga

*Isla Norfolk
(Australia)*

*Islas Kermadec
(Nueva Zelanda)*

Samoa

*Isla Lord Howe
(Australia)*

Nueva Zelanda

NUEVA
ZELANDA

CANBERRA

WELLINGTON

*Islas Chatham
(Nueva Zelanda)*

Australia

Tasmania

*Islas Bounty
(Nueva Zelanda)*

*Islas Auckland
(Nueva Zelanda)*

*Islas Antípodas
(Nueva Zelanda)*

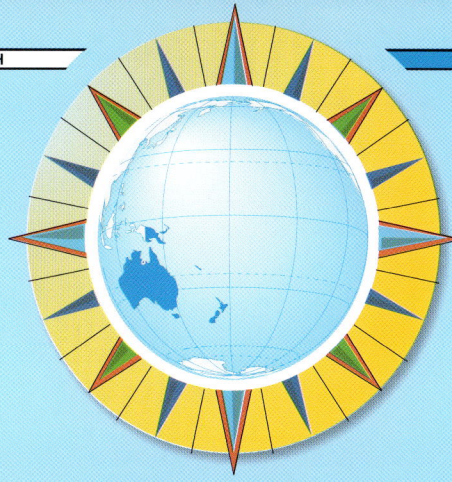

HAWAI
(EEUU)

Hawaii
0   1000   2000 km
0   500   1000 millas

ritimati

Línea

Islas
Marquesas

Islas Tuamotu

Islas Sociedad

Tahiti

Polinesia
Francesa
(Francia)

Islas
Gambier

Isla
Pitcairn   Islas
Pitcairn
(GB)

AUSTRALASIA Y OCEANÍA

Australasia y Oceanía se componen de la masa enorme de tierra de Australia y de millares de islas en el Océano Pacífico.
Australia se describe a menudo como un continente por sí mismo. Muchas de las islas del Pacífico se formaron a partir de erupciones submarinas de volcanes. Alrededor de estas islas suelen crecer arrecifes de coral. Tormentas tropicales, denominadas tifones, azotan estas islas con frecuencia, y la zona también resulta propensa a los tsunamis – olas de dimensiones gigantes provocadas por los volcanes submarinos o los terremotos.

El continente se compone de 14 países: Australia, Nueva Zelanda, Papua Nueva Guinea y varias naciones independizadas durante los últimos 20 años. El resto de islas dependen de otros países.

El poder de las flores
Plantas y flores crecen en las tropicales Islas Cook, las niñas de la imagen han hecho con ellas guirnaldas tradicionales denominadas leis.

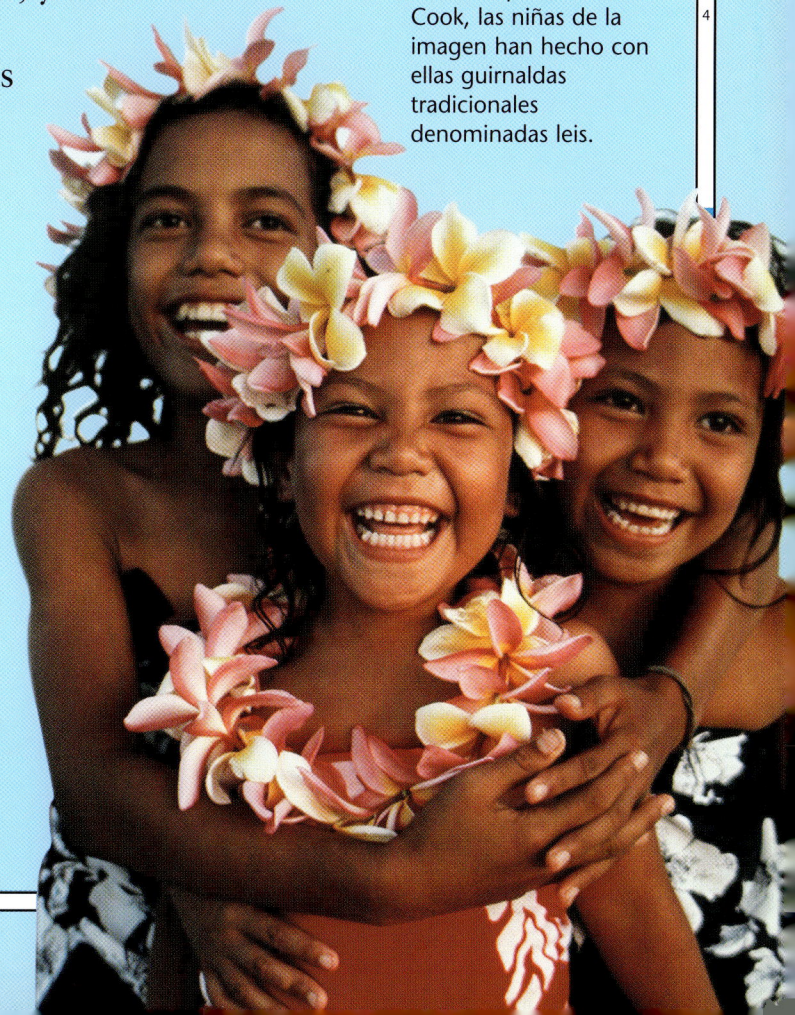

Camino de islas
De las 330 islas que forman Fiji, sólo 106 están habitadas. Repartidas por el resto de la región se encuentran unas 20000 islas. pequeñas, y otras de mayor tamaño como Australia y Nueva Zelanda.

Australia

Australia es la isla más grande del mundo. Su tierra es principalmente llana, siendo la Sierra de la gran División el territorio de mayor altura. Hacia el oeste se encuentran llanuras semi-áridas donde sólo crece maleza y hierba. Gran parte del oeste de Australia es desierto. En el extremo norte, se encuentran selvas tropicales.

A pesar de su gran tamaño, sólo viven en Australia unos 19.5 millones de personas. La mayoría lo hacen en pueblos grandes y ciudades de las costas del sur y del este. Actualmente la población se compone principalmente de gente que emigró de Europa desde el siglo XVIII.

Australia sirve de hogar para muchos animales que no se encuentran en ningún otro lugar, entre ellos los marsupiales (mamíferos que llevan a sus crías en marsupios o bolsas abdominales) como los canguros, los koalas y los wombas.

HECHOS Y CIFRAS

Ciudades más grandes
Sidney 3.502.000
Melbourne 3.160.000
Brisbane 1.508.000

Río más largo
Murray-Darling 3.750km

Lago más grande
Lago Eyre 9.100km^2. El tamaño de este lago varía durante el año.

Montaña más alta
Monte Kosciuszko 2.230m

Un horizonte famoso
El puerto de Sydney es uno de los más grandes del mundo. El Puente del Puerto, una construcción espectacular, cruza el canal dividiendo el norte y el sur de la ciudad. Este puente y la Opera House son famosos en todo el mundo.

Mar de Timor

Cabo Londonderry

Archipiélago Bonaparte

Wyndham

Cabo de Kings

Cabo Leveque

Meseta de Kimberley

Derby

OCÉANO ÍNDICO

Estrecho de Kings

Fitzroy

Servicio Aeromédic

Playa de las Ochenta millas

Possum rayado

Torre de perforación

Gran desierto Arenoso

Tren de carretera

Dingos

Golfo de Exmo

Cabo del Noroeste

Ashburton

Hamersley Range

Newman

Lago Decepción

A U S

Lago Macleod

Desierto de Gibson

Carnarvon

Minas de hierro

Bahía del Tiburón

Lago Carnegie

OESTE DE

Canguros

Isla de Dirk Hartog

Echidna

Granja de ovejas

AUSTRALIA

Emúes

Lago Barlee

Lago Carey

Gran desierto de Victoria

Geraldton

Minas de oro

Lago Moore

Kalgoorlie

Boulder

Industria

Lago Cowan

Llanura

Perth
Fremantle

Pesca

Cultivo de trigo

Cabo Pasley

Ovejas

Gran tiburón blanco

Cabo Leeuwin

Albany

F G H I J

Isla Bathurst
Isla Melville
Golfo de José Bonaparte
Isla Príncipe de gales
Cabo de York
Golfo de Carpentaria
V Golfo Van Diemen
Darwin
Serpiente Taipan
Tierra de Arhem
Cabo Arhem
Península del Cabo de York
Daly
Meseta de Barkley
Bahía Princesa Carlota
Didgeridoo
Groote Eylandt
Mitchell
Cooktown
Victoria
Grupo de Sir Edward Pellew
Islas Wellesley
Cairns
Lago Argyle
Árbol baobab
Lago Woods
Reses
Flinders
Pinturas aborígenes en cuevas
Desierto Tanami
Demonio de Thorny
Townsville
Caña de azúcar
TERRITORIO NORTE
Monte Isa
Esquilar ovejas
Cabo de Townshend
Minas de carbón
Rockhampton
Lago Mackay
Petróleo
QUEENSLAND
Georgina
Sierra Macdonnell
Alice Springs
Bundaberg
Lago Amadeus
Uluru (Roca Ayers) 867m
Uluru
Desierto Simpson
Diamantina
Gran Cuenca Artesiana
Thomson
Meseta de Buckland
Kookaburra
Koalas
Isla Fraser
Camello Bactrian
Reses
Coope
Lago Eyre del Norte
Desierto Sturt
Ovejas
Warrego
Establos
Pesca
SUR DE AUSTRALIA
Riachuelo
Lago Blanche
Brisbane
Costa de Oro
Tren de minerales
Trigo
Lago Eyre del Sur
Platipus con pico de pato
Turismo
larb
Lago Torrens
Darling
Trigo
Producción de acero
Broken Hill
NUEVA GALES DEL SUR
Minas de carbón
Newcastle
Lago Gairdner
Vino
Maquinaria
La Ópera de Sydney
Port Augusta
Port Pirie
Wombats
Lackland
Sidney
Wollongong
Gran Bahía Australiana
Focas
Golfo Spencer
Península de Yo
Golfo de San Vic
Adelaida
Cricket
Uvas
Ordenadores
CANBERRA
TERRITORIO CAPITAL DE AUSTRALIA
Australia
Isla Canguro
Pesca
Murray
Monte Kosciusko 2230m
OCÉANO ÍNDICO
VICTORIA
Melbourne
Geelong
Cabo Howe
Vela
Barco de carga
Cabo Otway
Punta del Sudeste
Mar de Tasmania
Isla King
Bass Strait
Islas Flinders
Grupo Furneaux
Demonio de Tasmania
Monte Ossa 1617m
TASMANIA
Hobart

Mar de Coral

Saltando por los caminos
Las madres canguro llevan sus crías en su marsupio en su abdomen. Los canguros se desplazan saltando con sus enormes patas traseras.

Coral

Peces payaso

71

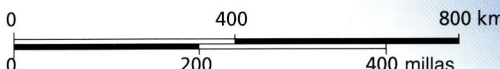

0 — 400 — 800 km
0 — 200 — 400 millas

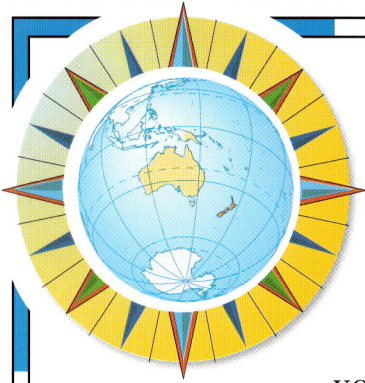

Nueva Zelanda

Nueva Zelanda se compone de dos grandes islas y varias pequeñas. Gran parte de su tierra es volcánica con bastantes volcanes activos, como el Monte Ngaurahoe y el Monte Ruapehu en la Isla del Norte. Resulta común encontrar manantiales de agua caliente y geisers. El vapor obtenido de ellos se utiliza para producir electricidad. Los Alpes Sureños dominan la Isla del Sur; se extienden hacia el oeste e incluyen la montaña más alta de la isla, el Monte Cook, y los glaciares Franz Josef y Fox.

Las tierras fértiles de Nueva Zelanda proporcionan pastos para millones de ovejas y ganado. De hecho, hay más ovejas que habitantes.

Las primeras gentes que vivieron en Nueva Zelanda fueron los Maori – colonizadores de Polinesia. Durante el siglo XIX, los europeos empezaron a desplazarse hacia allí y ahora forman aproximadamente el 90% de la población. La mayoría viven en las ciudades y los pueblos de la costa.

Playa de las Noventa
Cabo Norte
Bahía de la Gran Exposición
Ovejas
Rugby
Bahía Kaipara
Industria
Golfo Hauraki
Isla de la Gran Barrera
Auckland
Puerto Manukau
Producción de acero
Waikato
Península de Coromandel
Bahía de Plenty
Kiwis (fruta)
Cabo del
Hamilton
Isla del Norte
Lago Rotorua
Trigo
Rotorua
Esquilar ovejas
Possum
Lago taupo
Establos
Bahía Taranaki del Norte
Cabo Egmont
Monte Emont (Taranaki) 2518m
Wanganui
Monte Ngaurahoe 2291m
Monte Ruapehu 2797m
Bahía Hawke
Península Mahia
South Taranaki Bight
Cabo del Adiós
Bahía Dorada
Isla D'Urville
Kiwi (animales)
Ovejas
Industria
Bahía de Tasmania
Bahía Karamea
Estrecho de Cook
Turismo
Wellington
WELLINGTON
Possum
Cabo Foulwind
Arte mahorí
Cabo Palliser
Mar de Tasmania
Ovejas
Kaikoura
NUEVA ZELANDA
Industria
Turismo
Ballena esperma
Tuatara
Bahía Pegaso
Glaciar Franz Josef
Christchurch
Península Banks
OCÉANO PACÍFICO
Kiwis (animales)
Monte Cook 3754m
Lago Tekapo
Llanura de Canterbury
Lago Ellesmere
Isla del Sur
Punta de Cascada
Monte Aspiring 3030m
Trigo
Bahía de Canterbury
Pesca
Lago Wanaka
Lago Hawea
Tursimo
Lago Wagatipu
Queenstown
Pingüino de ojos amarillos
Lago Te Anau
Roxburgo
Fiordland
Waiau
Industria
Clutha
Dunedin
Península de Otago
Albatros
Isla Resolución
Cabo del Oeste
Possum
Ovejas
Presa hidroeléctrica
Mataura
Delfines
Estrecho Foveaux
Focas
Isla Stewart
Cabo del Suroeste

Nueva Zelanda

HECHOS Y CIFRAS

Ciudades más grandes
Auckland 1.087.000
Wellington 343.000
Christchurch 342.000

Río más largo
Waikato 425km

Lago más grande
Lago Taupo, 600km^2 aproximadamente

Montaña más alta
Monte Cook 3.754m

0   100   200 km
0   50   100 millas

Los Polos
El Ártico

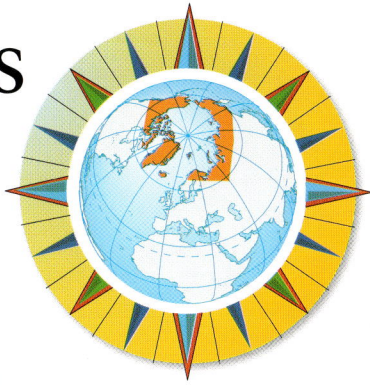

Los extremos norte y sur de la tierra se denominan polos. Cada polo resulta extremadamente frío y aparece rodeado por capas de hielo realmente gruesas. El Polo Norte flota sobre un bloque de hielo en el Océano Ártico. El Ártico es la zona que incluye el Polo Norte, el océano Ártico y los puntos más septentrionales de Norte América, Europa y Asia. Durante el verano, el hielo disminuye, pero en invierno, cuando las temperaturas alcanzan los -60ºC, el bloque de hielo vuelve a crecer. Mucha gente vive en los territorios gélidos del Ártico, como los Inuit, los Saami y los Yugyt. También se pueden ver osos polares, caribús y morsas.

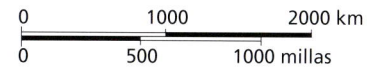

La Antártida

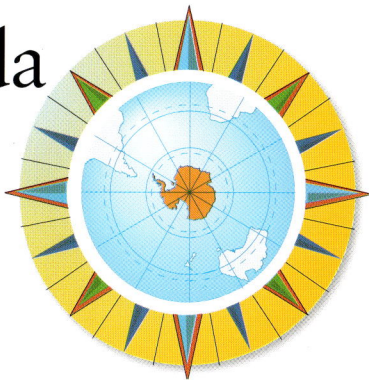

El Polo Sur se encuentra en la Antártida, el continente más grande de los que existen. Exceptuando algunos valles secos cobijados entre las motañas, su territorio aparece cubierto de hielo y nieve.La Antártida es el lugar de la tierra donde los vientos soplan con más fuerza; allí se registran algunas de las temperaturas más frías. A veces, el hielo se rompe y se separa del bloque principal formando icebergs que flotan en el agua con un 90% de su volumen sumergido bajo las aguas, lo que supone un grave peligro para los barcos. No existen países en la Artártida, los únicos habitantes son equipos de científicos.

73

HECHOS Y CIFRAS

PAÍSES Y CAPITALES:
AMÉRICA DEL NORTE

Antigua y Barbuda	San Juan
Bahamas	Nassau
Barbados	Bridgetown
Belice	Belmopan
Canadá	Ottawa
Costa Rica	San José
Cuba	La Habana
Dominica	Roseau
El Salvador	San Salvador
Estados Unidos de América	Washington
Granada	San Jorge
Guatemala	Guatemala
Haití	Puerto Príncipe
Honduras	Tegucigalpa
Jamaica	Kingston
México	México
Nicaragua	Managua
Panamá	Panamá
Rep. Dominicana	Santo Domingo
S. Vicente y Las Granadinas	Kingstown
Santa Lucía	Castries
San Cristóbal y Nevis	Basseterre
Trinidad y Tobago	Puerto España

PAÍSES Y CAPITALES
AMÉRICA DEL SUR

Argentina	Buenos Aires
Bolivia	La Paz y Sucre
Brasil	Brasilia
Colombia	Santa Fé de Bogotá
Chile	Santiago
Ecuador	Quito
Guyana	Georgetown
Paraguay	Asunción
Perú	Lima
Surinam	Paramaribo
Uruguay	Montevideo
Venezuela	Caracas

PAÍSES Y CAPITALES
EUROPA

Albania	Tirana
Alemania	Berlín
Andorra	Andorra la Vella
Austria	Viena
Bélgica	Bruselas
Bielorrusia	Minsk
Bosnia-Herzegovina	Sarajevo
Bulgaria	Sofía
Vaticano	Ciudad del Vaticano
Croacia	Zagreb
Dinamarca	Copenhague
Eslovaquia	Bratislava
Eslovenia	Liubliana
España	Madrid
Estonia	Tallinn
Federación Rusa	Moscú
Finlandia	Helsinki
Francia	París
Grecia	Atenas
Países Bajos	Amsterdam y La Haya
Hungría	Budapest
Irlanda	Dublín
Islandia	Reykjavik
Italia	Roma
Letonia	Riga
Liechtenstein	Vaduz
Lituania	Vilna
Luxemburgo	Luxemburgo
Macedonia	Skopje
Malta	La Valleta
Moldavia	Kisinev
Mónaco	Mónaco
Noruega	Oslo
Polonia	Varsovia
Portugal	Lisboa
Reino Unido	Londres
República Checa	Praga
Rumania	Bucarest
San Marino	San Marino
Serbia y Montenegro	Belgrado
Suecia	Estocolmo
Suiza	Berna
Ucrania	Kiev

PAÍSES Y CAPITALES
ÁFRICA

Argelia	Argel
Angola	Luanda
Benin	Porto-Novo
Botswana	Gaberones
Burkina Faso	Uagadugu
Burundi	Bujumbura
Cabo Verde	Praia
Camerún	Yaundé
Comores, República del	Moroni
Congo	Brazzaville
Costa de Marfil	Yamussukro
Chad	N´yamena
Yibuti	Yibuti
Egipto	Cairo
Eritrea	Asmara
Etiopía	Addis Abeba
Gabón	Libreville
Gambia	Banjul
Ghana	Accra
Guinea	Conakry
Guinea Ecuatorial	Malabo
Guinea-Bissau	Bissau
Kenia	Nairobi
Lesotho	Maseru
Liberia	Monrovia
Libia	Trípoli
Madagascar	Antananarivo
Malawi	Lilongwe
Mali	Bamako
Marruecos	Rabat
Mauricio	Port Louis
Mauritania	Nuakchott
Mozambique	Maputo
Namibia	Windhuk
Níger	Niamey
Nigeria	Abuja
República Centroafricana	Bangui
República Democrática del Congo (Zaire)	Kinshasa
Ruanda	Kigali
Santo Tomás y Príncipe	Santo Tomás
Senegal	Dakar
Seychelles	Victoria
Sierra Leona	Freetown
Somalia	Mogadiscio

Sudáfrica	Pretoria, Bloemfontein y Ciudad del Cabo
Sudán	Jartum
Suazilandia	Mbabane
Tanzania	Dodoma
Togo	Lomé
Túnez	Túnez
Uganda	Kampala
Zambia	Lusaka
Zimbabwe	Harare

PAÍSES Y CAPITALES

ASIA

Afganistán	Kabul
Arabia Saudita	Riyad
Armenia	Eriván
Azerbaiján	Baku
Bahrein	Manama
Bangladesh	Dhaka
Brunei	Bandar Seri, Begawan
Bután	Thimbu
Camboya	Phnom Penh
Corea del Norte	Pyongyang
Corea del Sur	Seúl
China	Beijin (Pekín)
Chipre	Nicosia
Emiratos Árabes	Abu Dhabi
Federación Rusa	Moscú
Filipinas	Manila
Georgia	Tiflis
India	Nueva Dheli
Indonesia	Jakarta
Irak	Bagdad
Irán	Teherán
Israel	Jerusalén (La comunidad internacional no reconoce Jersualén como la capital de Israel. Casi todos los países toman otra ciudad, Tel Aviv, como la capital de Israel)
Japón	Tokio
Jordania	Amman
Kazajistán	Asta Alma Atá
Kirguizistán	Biskek

Kuwait	Kuwait
Laos	Vientiane
Líbano	Beirut
Malasia	Kuala Lumpur
Maldivas	Male
Mongolia	Ulan Bator
Myanmar (Burma)	Yangon (Rangún)
Nepal	Katmandú
Oman	Mascate
Pakistán	Islamabad
Qatar	Doha
Singapur	Singapur
Siria	Damasco
Sri Lanka	Colombo
Tailandia	Bangkok
Taiwán	Taipei
Tajikistán	Dushanbe
Timor del Este	Dili
Turkmenistán	Ashgabad
Turquía	Ankara
Emiratos Árabes Unidos	Abu Dhabi
Uzbekistán	Taskent
Vietnam	Hanoi
Yemen	Sana

PAÍSES Y CAPITALES

AUSTRALASIA Y OCEANÍA

Australia	Canberra
Fiji	Suva
Islas Marshall	Majuro
Islas Salomón	Honiara
Kiribati	Bairiki
Micronesia	Palikir
Nauru	(no tiene capital)
Nueva Zelanda	Wellington
Palau	Koror
Papua Nueva Guinea	Puerto Moresby
Samoa	Apia
Tonga	Nuku'alofa
Tuvalu	Vaizku
Vanjatu	Port-Vila

RÍOS MÁS LARGOS

Nilo, África	6.670km
Amazonas, América del S.	6.448km
Yangtse, Asia	6.300km
Mississippi-Missouri, América del Norte	6.020km
Yenisey-Angara, Asia	5.540km
Río Amarillo, Asia	5.464km
Ob-Irtysh, Asia	5.409km
Paraná-Río de la Plata, América del Sur	4.880km
Congo, África	4.700km
Lena, Asia	4.400km

MONTAÑAS MÁS ALTAS

Asia: Monte Everest	8.848m
América del Sur: Aconcagua	6.960m
América del Norte: Monte McKingley	6.194m
África: Monte Kilimanjaro	5.895m
Europa: Monte Elbrus	5.642m
Antártica: Vinson Massif	4.897m
Australasia y Oceanía: Monte Cook	3.754m

LAGOS MÁS GRANDES

Superior, América del Norte	82.350 km2
Mar Caspio, Asia-Europa	71.800 km2
Victoria, África	69.500 km2
Huron, América del Norte	59.600 km2
Michigan, América del Norte	57.800 km2
Tanganyika, África	32.900 km2
Gran Oso, América del N.	31.800 km2
Baikal, Asia	30.500 km2
Malawi/Nyasa, África	29.600 km2
G. Esclavo, América del N.	28.500 km2

Índice

Este índice presenta un listado de los pueblos, ciudades y de las características físicas más importantes de los mapas. Junto a las ciudades y los pueblos, el índice facilita el nombre y el país en el que se encuentran. Junto a los términos que no se refieren ni a pueblos ni a ciudades aparece una palabra en cursiva que lo describe. Dichas características físicas aparecen en la lista según su nombre propio y no por su descripción. Por ejemplo, el Monte Etna aparece como "Etna, Monte".

Cada punto de la lista aparece con el número de página en el que puede localizarse. La letra y la cifra después de número de página indican la casilla del mapa.

ÍNDICE